郷土の食材と料理

いしかわのおかず

服部一景・編著

いしかわのおかず
郷土の食材と料理

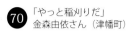

prologue ● ふるさとの風景

初めてなのに懐かしい風景

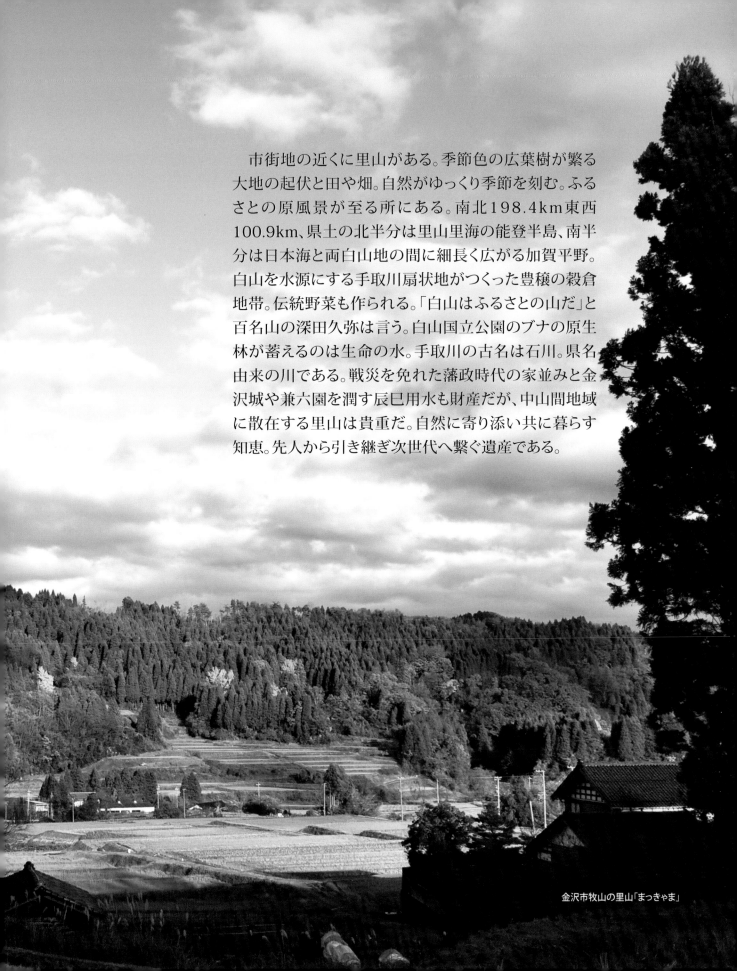

　市街地の近くに里山がある。季節色の広葉樹が繁る大地の起伏と田や畑。自然がゆっくり季節を刻む。ふるさとの原風景が至る所にある。南北198.4km東西100.9km、県土の北半分は里山里海の能登半島、南半分は日本海と両白山地の間に細長く広がる加賀平野。白山を水源にする手取川扇状地がつくった豊穣の穀倉地帯。伝統野菜も作られる。「白山はふるさとの山だ」と百名山の深田久弥は言う。白山国立公園のブナの原生林が蓄えるのは生命の水。手取川の古名は石川。県名由来の川である。戦災を免れた藩政時代の家並みと金沢城や兼六園を潤す辰巳用水も財産だが、中山間地域に散在する里山は貴重だ。自然に寄り添い共に暮らす知恵。先人から引き継ぎ次世代へ繋ぐ遺産である。

金沢市牧山の里山「まっきゃま」

加賀野菜

●昭和20年以前から栽培され、現在も主として金沢で栽培されている野菜

たけのこ●
4月下旬〜5月中旬
金沢市額・冨樫
・内川・金城地区

金時草●
＝きんじそう
6月下旬〜11月中旬
金沢市花園地区、
かほく市

加賀太きゅうり●
4月上旬〜11月下旬
金沢市打木町、かほく市

さつまいも●
8月中旬〜6月中旬
金沢市粟ヶ崎・五郎島
・大野・大徳・内灘地区

打木赤皮甘栗かぼちゃ●
6月中旬〜9月上旬
金沢市打木町

加賀つるまめ●
6月上旬〜10月下旬
金沢市花園・富樫地区

ヘタ紫なす●
6月上旬〜10月下旬
金沢市崎浦地区

加賀れんこん●
8月下旬〜5月中旬
金沢市小坂・河北潟地、
薬師谷・才田・森本地区

畑

赤ずいき●
7月〜9月
金沢市花園
・三馬地区

金沢一本太ねぎ●
11月〜1月
金沢市金城
・冨樫地区

源助だいこん●
10月下旬〜2月上旬
金沢市安原地区

二塚からしな●
＝ふたつかからしな
11月上旬〜3月下旬
金沢市二塚地区

金沢春菊●
10月下旬〜4月下旬
金沢市三馬地区、かほく市

せり●
11月上旬
〜4月下旬
金沢市諸江地区

くわい●
11月下旬〜12月下旬
金沢市小坂・御所地区

金沢市農産物ブランド協会　kanazawa-kagayasai.com

能登野菜

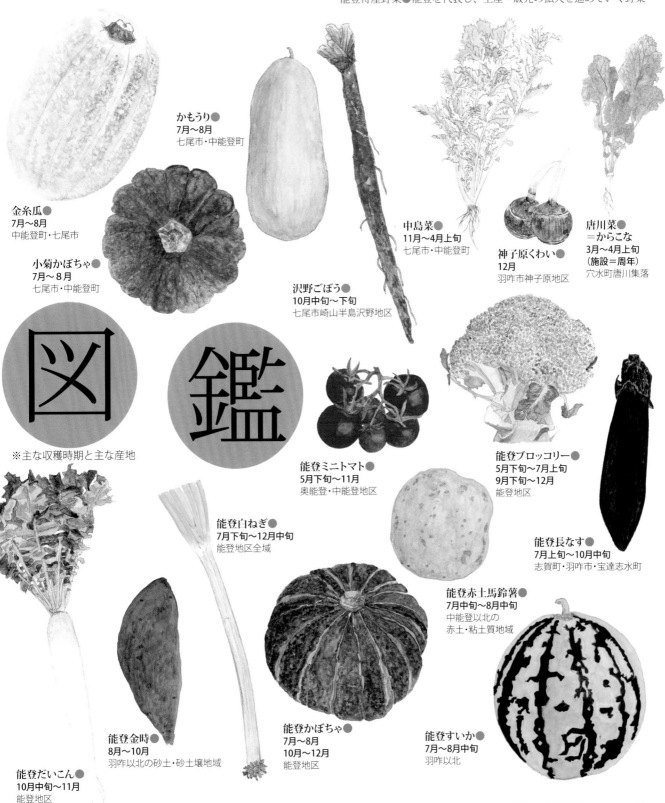

能登伝統野菜●30年以上栽培され，地域の伝統料理に用いられている野菜
能登特産野菜●能登を代表し、生産・販売の拡大を進めていく野菜

図鑑
※主な収穫時期と主な産地

金糸瓜●
7月～8月
中能登町・七尾市

かもうり●
7月～8月
七尾市・中能登町

小菊かぼちゃ●
7月～8月
七尾市・中能登町

沢野ごぼう●
10月中旬～下旬
七尾市崎山半島沢野地区

中島菜●
11月～4月上旬
七尾市・中能登町

神子原くわい●
12月
羽咋市神子原地区

唐川菜●
＝からこな
3月～4月上旬
（施設＝周年）
穴水町唐川集落

能登ミニトマト●
5月下旬～11月
奥能登・中能登地区

能登ブロッコリー●
5月下旬～7月上旬
9月下旬～12月
能登地区

能登白ねぎ●
7月下旬～12月中旬
能登地区全域

能登長なす●
7月上旬～10月中旬
志賀町・羽咋市・宝達志水町

能登赤土馬鈴薯●
7月中旬～8月中旬
中能登以北の
赤土・粘土質地域

能登金時●
8月～10月
羽咋以北の砂土・砂土壌地域

能登かぼちゃ●
7月～8月
10月～12月
能登地区

能登すいか●
7月～8月中旬
羽咋以北

能登だいこん●
10月中旬～11月
能登地区

能登野菜振興協議会　noto-yasai.jp

ぶどう【葡萄】
ルビーロマン
ブラックオリンピア
デラウエア
巨峰
7月～9月
加賀市・小松市・金沢市
・かほく市・宝達志水町・羽咋市・七尾市

●明治37年、旧石川郡額村（金沢市額谷町）で藤村氏と守田氏が「甲州種」を栽培したのが始まりと記録されている。大正元年には現在の主力品種「デラウエア」を山梨県から導入した。

りんご【林檎】
ふじ
つがる
秋星（県オリジナル品種）
9月～11月
金沢市・羽咋市・珠洲市

●金沢では藩政時代から倭りんごが栽培されていたとの記録が残っている。明治8年、明治政府の殖産興業政策により内務省から8本の苗木が配布され、経済栽培がスタートした。

なし【梨】
新水・幸水・豊水・あきづき・南水
・加賀しずく（県オリジナル品種）
8月～10月
加賀市・白山市・金沢市

●明和6年に金沢市戸板地区の商人市左衛門が、越後から「日ノ下」など3品種を持ち帰り、木曳川流域に試作したのが始まりと伝えられている。嘉永2年には、現在の鞍月地区を中心に169戸、約50ヘクタールが栽培されていたとの記録が残されている。

果

もも【桃】
白鳳
あかつき
千曲
7月～8月
金沢市

●文政末、県原産の油桃「木津桃」が旧河北郡一帯の砂丘地で栽培されていた。明治末期には外国有毛種の「水蜜桃」が河北・能美郡で栽培。戦後、品種改良が進み、晩生種では「白桃」が主要品種となった。

くり【栗】
丹沢・ぽろたん
・伊吹・筑波
・石鎚
9月～10月
輪島市・珠洲市・穴水市・能登町

●大正年間に旧石川郡河内村（白山市）を中心に「丹波栗」と称される大粒種が栽培され、大正10年頃には栽培面積が70ha、生産量は210tとの記録が残されている。

実

かき【柿】
富有（甘柿）
平核無（渋柿）
紋平（渋柿）
最勝（ころ柿の原料）
10月～11月（ころ柿は12月～1月）
川北町・かほく市・志賀町・中能登町・穴水町・能登町

●栽培は藩政時代に現在の志賀町で、「函屋柿」「長太郎柿」「良川吊るし柿」「モチ柿」「ヒダ柿」などの記録が残っている。「最勝」は自家用ころ柿の原料柿として用いたが、昭和7年頃から販売用の生産が本格化した。

いちじく【無花果】
桝井ドーフィン
ビオレ・ソリエス
8月～10月
川北町・宝達志水町

●江戸時代に導入されたが、在来種の「蓬莱柿」を植えたのが始まり。本格的な栽培は昭和46年頃に水田転作用として旧押水町や川北町などで「桝井ドーフィン」が導入され、栽培が増えた。

ブルーベリー【blueberry】
コリンズ
ブルークロップ
ダロウ
7月～9月
加賀市・白山市・
かほく市・能登町

●20世紀初頭に北アメリカで生まれた果実で、日本へは昭和26年に導入された。石川県では平成2年から水田転作作物として集団での栽培が始まる。

能登山菜　※採取地の荒廃を防ぐために根こそぎ獲らないように心がける

能登山菜　http://in7.jpn.org/notosansai/

ふき
【蕗】
5月
佃煮
煮物

わらび
【蕨】
4月〜5月
おひたし
和え物

こごみ
【屈】
4月
天ぷら
お浸し
胡麻和え

ふきのとう
【蕗の薹】
2月
ふき味噌
天ぷら

うるい
＝おおばぎぼうし
【大葉擬宝珠】
4月
お浸し
天ぷら

たらのめ
【楤の芽】
4月
天ぷら
フライ
和え物

やまうど
【山独活】
4月下旬〜5月
天ぷら
煮物
炒め物

はわさび
【葉山葵】
5月
お浸し
粕漬け

かたは
＝うわばみそう
【蟒蛇草】
5月〜6月
酢味噌和え
サラダ

野

山

まつたけ
【松茸】
9月下旬〜11月中旬
赤松

牛

肉

豚

しいたけ
【椎茸】
10月〜5月
＊のとてまり

のとうし【能登牛】

能登牛プレミアム

のとぶた【能登豚】
石川ヘルシーポーク
αのめぐみ

なめこ
【滑子】
10月〜11月
樶

まいこ
＝まいたけ
9月中旬〜10月中旬
水楢・広葉樹

能登牛とは…
・黒毛和種（血統が明確であるもの）
・石川県内が最終飼養地で、石川県内での
飼養期間が最長
・肉質等級は A3 以上または B3 以上
・能登牛プレミアムは牛枝肉取引規格が A5
（能登牛銘柄推進協議会）

能登豚とは…
・石川県内で肥育
・石川県金沢食肉流通センターで処理
・日本食肉格付協会による格付
・衛生的な管理の下で生産
・αのめぐみは、出荷までの肥育後期約 6 週
間、専用飼料を給与し、α-リノレン酸の含有
率が通常飼育された豚肉に比べ数倍高いもの
（能登牛銘柄推進協議会）

かっぱ
＝さくらしめじ
9月下旬〜10月
小楢・水楢・樶

いさざ＝シロウオ【白魚】
◎おどり喰い

サワラ【鰆】
◎煮物・焼き物・揚げ物
出世魚‥サゴシ（〜50cm）ヤナギ（50〜70cm）サワラ

はちめ＝メバル【目張】
◎刺身・焼き魚（黒バチメ）煮魚（赤バチメ）

サヨリ【鱵】
◎糸作りの刺身・お吸い物

めぎす＝ニギス【似鱚】
◎つみれ・煮付け・フライ

マダイ【真鯛】
◎刺身・塩焼き・煮物

魚
ふるさとの

アカガレイ【赤鰈】
◎唐揚げ・煮こごり（縁側）

トリガイ【鳥貝】
◎寿司・刺身

マアジ【真鯵】
◎たたき・なめろう

イワガキ【岩牡蠣】
◎刺身・炭火焼き・フライ

夏

サザエ【栄螺】
◎刺身・壺焼き

ばい貝＝
エッチュウバイ【越中貝】
◎刺身・煮物・バター焼き

アワビ【鮑】
◎刺身・酒蒸し

ナマコ【海鼠】
◎酢の物・このわた・くちこ

マサバ【真鯖】
◎しめ鯖・ぬか鯖

スルメイカ【鯣烏賊】
◎刺身・煮物・焼き物

ドジョウ【泥鰌】
◎蒲焼き

紅ズワイ
＝ベニズワイガニ【紅楚蟹】
◎刺身・汁物・鍋

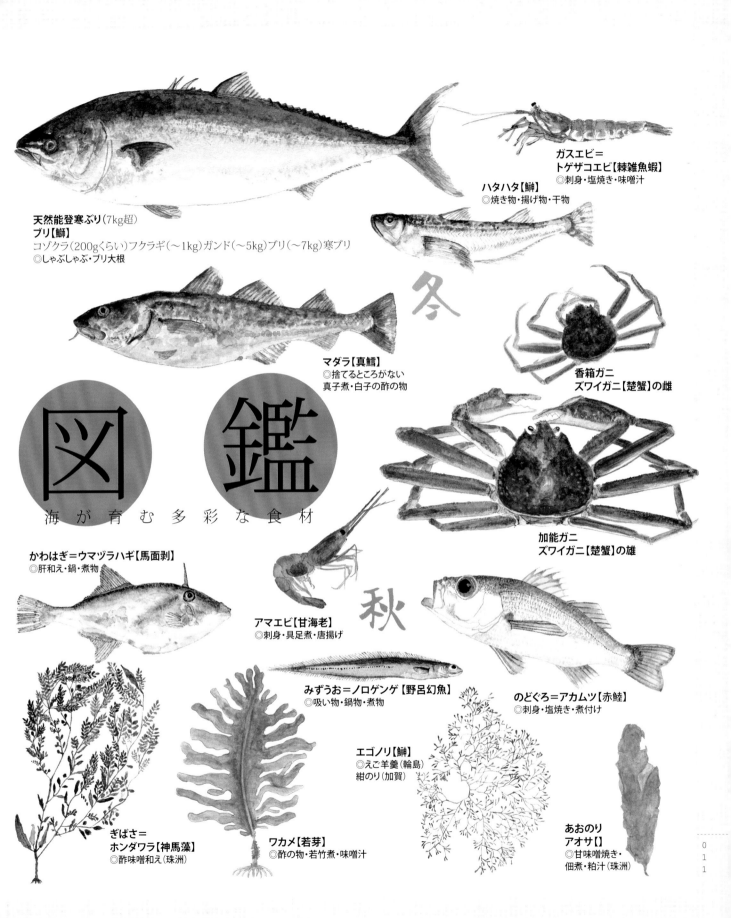

ガスエビ＝
トゲザコエビ【棘雑魚蝦】
◎刺身・塩焼き・味噌汁

ハタハタ【鰰】
◎焼き物・揚げ物・干物

天然能登寒ぶり(7kg超)
ブリ【鰤】
コゾクラ(200gくらい)フクラギ(〜1kg)ガンド(〜5kg)ブリ(〜7kg)寒ブリ
◎しゃぶしゃぶ・ブリ大根

冬

マダラ【真鱈】
◎捨てるところがない
真子煮・白子の酢の物

香箱ガニ
ズワイガニ【楚蟹】の雌

図鑑

海 が 育 む 多 彩 な 食 材

加能ガニ
ズワイガニ【楚蟹】の雄

かわはぎ＝ウマヅラハギ【馬面剥】
◎肝和え・鍋・煮物

アマエビ【甘海老】
◎刺身・具足煮・唐揚げ

秋

のどぐろ＝アカムツ【赤鯥】
◎刺身・塩焼き・煮付け

みずうお＝ノロゲンゲ【野呂幻魚】
◎吸い物・鍋物・煮物

エゴノリ【鰓】
◎えご羊羹(輪島)
紺のり(加賀)

ぎばさ＝
ホンダワラ【神馬藻】
◎酢味噌和え(珠洲)

ワカメ【若芽】
◎酢の物・若竹煮・味噌汁

あおのり
アオサ【】
◎甘味噌焼き・
佃煮・粕汁(珠洲)

春をいただく

淡雪の下から
ふきのとうが顔を出す
湧水にはせりが浮き、
土手でせんなが風に揺れる。
陽の温もりに目をつぶり、耳を澄ます。
里山いたるところに
新しい生命が生まれている。
あさつき、ぜんまい、よもぎ、もみじがさ‥
里山の春御膳は野草山菜づくし。
能登の里海ではいさざ漁が始まる。

『能登の富士』山屋輝理 小学5年
(水土里ネット「ふるさとの田んぼと水」子ども絵画展 2014 入賞)

『千まい田』西口秋楓 小学 4 年（水土里ネット「ふるさとの田んぼと水」子ども絵画展 2013 入選）

こごみ【草蘇鐵】

●日当たりのよい少し湿った林内や沢沿いに群落をつくって生えている。若芽の葉柄は濃い緑色に黄緑色の縁取りをしている。5〜6本輪になって生えている。若芽の頭を覆った茶色い皮と根元の黒ずんだ切り口の部分を取り除く。アクがなく茹でてすぐに調理できるが、鮮やかな緑色は抜けてしまう。胡麻和えやおひたし、天ぷらにして食べる。

最盛期：4月
促成栽培の最盛期：2月

わらび【蕨】

●縮めた葉先に茶褐色の毛をまとって出現し、食用とする。夏は葉を展開する。根茎は、わらび粉が採れ、わらび餅などの原料にされる。能登地域では、単価が高く、ぬめりが強い、茎が紫色の「紫わらび」の生産に力を入れている。手の熱で硬くなるので、収穫したらすぐに切り口を下にしてかごなどに入れる。あくが強いので、木灰か重曹であく抜きし、おひたしや和え物にする。

最盛期：4月〜5月

かがふときゅうり
【加賀太胡瓜】

●瓜と見間違えそうなほど太いきゅうりで、1本の重さが600〜800gも。普通のきゅうり5本分で、別名を「ジャンボキュウリ」。東北の短太きゅうりの系統で、ずん胴型。果肉は厚くやわらかいので、煮る炒めるなどと加熱する料理に適している。本来は夏野菜だったが栽培技術の発達によって出荷時期が拡大した。日持ちはよく10℃程度ならば2週間は保つ。96％が水分だが、カルシウム・カリウムが含まれる。

4月上旬〜11月下旬
金沢市打木町・かほく市

春の

かたは
＝うわばみそう【蟒蛇草】

●渓流沿いや湿った崖下などに群生している。「みず」とも言う。高さ30〜50cmくらいで、茎を斜めにして立っている。引き抜こうとすると根茎まですべて採れてしまうので、根際から採るようにする。水分が多くて折れやすい茎を持つ。茎は赤みを帯び、つやのある葉はつけ根に丸く小さな塊の白い花をつける。茎の太いものを選び、根際からナイフなどで切り取る。葉は取り除く。梅雨頃までが柔らかく最もおいしい。柔らかくなるまでゆで、おひたしや汁物、酢味噌和えなどに利用する。葉は食べない。アクやクセがなくぬめりがある。

最盛期：5月〜6月

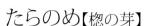

たらのめ【楤の芽】

●やや乾燥した日当たりのよい場所を好み、荒れ地や開墾地に根差す。枝は鋭い棘があるので見つけやすい。あまり枝を出さず、葉芽をすべて採ってしまうと枯れてしまうので、2番芽を採ったらその年の採取は終わりにする。幹の先端の1番芽が6cmほど伸びたころもぎ取る。はかまを除き天ぷらやフライ、和え物にする。

最盛期：4月
促成栽培の最盛期：2月〜3月

やまうど【山独活】

●里山の明るい林縁に根差し、比較的深い山にまでみられる。法面や崖が崩壊したような斜面地などに生える。夏は高さ1〜2mにも達する大型の草で、ウドの大木になる。日差しの下では、茎は濃い緑色になり硬くなる。葉が開く前の若芽でも、青く立った茎や細い茎は避ける。20cmくらいの若芽にナイフを垂直に地面に差し込んで傷をつけないように抜く。自生の山ウドは香りや味わいがよく、天ぷらや煮物、炒めものに利用できる。皮もきんぴらなどに使え、万能である。

最盛期：4月下旬〜5月
促成栽培の最盛期：2月〜3月

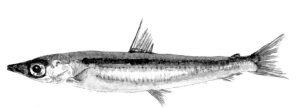

めぎす＝ニギス【似鱚】

●「メギス」と呼ばれ、全国トップクラスの漁獲がある。7月～8月の休漁期を除き、底曳き網で漁獲される。ずんぐりしているものは脂がのり、腹部が硬く目が澄んでいて身に透明感のあるものが新鮮。鮮度落ちが早いので、塩干物にしたり、素焼きにしてから干すとよい。干物にすると味が凝縮されて美味しくなる。脂ののった時期には生食や焼き物、つみれ汁などでいただくが、煮つけやフライ、練り製品の材料としても使われる。身は水分75％以上、脂質1％前後で、たんぱく質や鉄分を豊富に含む。利尿作用のあるカリウムやエネルギーの供給、老廃物の代謝に機能するビタミンB群を含んでいる。

はちめ＝メバル【目張】

●春告魚の一つで「ハチメ」と呼ばれる。大物は鯛の代用になることも。刺網で漁獲。脂がのる冬から春にかけてが旬。旬のハチメは鯛より好む人も多く20cm前後の焼きハチメは美味。黒バチメは焼き魚、赤バチメは皮が柔らかいので煮物向き。獲れたての刺身は最高級、小さいのは丸ごと唐揚げや南蛮漬け、味噌汁の具、ムニエルやブイヤベースにもいい。素焼きしたハチメに熱燗を注ぐメバル酒、一度煮付けたものを網で焼くと一味違う味わいが楽しめる。良質のたんぱく質や脂肪、コラーゲン・ビタミンAなども含む。赤メバルの赤皮の部分には活性酸素を抑制する抗酸化力に優れるアスタキサンチンが含まれ生活習慣病の予防や美肌効果に役立つといわれる。

食材

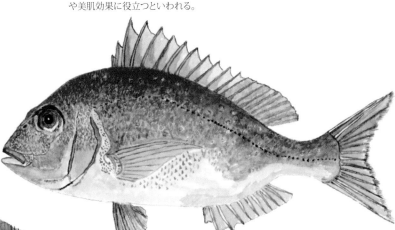

アカカレイ【赤鰈】

●サヨリとともに春の魚。赤カレイやナメタカレイは春にかけ旬を迎え、底曳き網や刺網で多く漁獲される。1月から3月頃まで産卵の季節、この頃の子持ちガレイは格別である。ヒラメ同様、縁側には皮膚を若返らせるコラーゲンが多く含まれ、煮こごりにしていただく。小型のはから揚げにするとカルシウムの補給になる。高たんぱく・低カロリーの健康食。ストレスの予防と改善に役立つB1やB2・Dなどのビタミン、アミノ酸のタウリンが多く含まれているので疲労回復や肝機能強化にも役立つ。

マダイ【真鯛】

●桜の花咲く頃、旬を迎えるマダイ。産卵を控え脂がたっぷりのった身体が薄いピンク色をしていることから「桜鯛」とも呼ばれる。好物のエビを多く食べることで、エビの殻に含まれるアスタキサンチンという色素を補給し、鮮やかな赤い体色を保っている。底曳網（ごち網）・定置網・延縄漁などで漁獲される。漁獲後、氷で冷却、すぐに漁港を目指す。旨味成分としてグルタミン酸やイノシン酸を含み、淡泊な中にも独特の美味しさがあるので、煮ても焼いても刺身でも美味で、臭みもないため魚が苦手な人でも食べやすい。旨味成分であるイノシン酸は分解されにくいため、時間が経っても比較的味が落ちにくい。「腐っても鯛」の由来か。

わらびの煮物

● 材料

わらび（蒸しわらび）
あごだし・昆布
- 醤油…大さじ1
- みりん…大さじ1
- A
- 酒…大さじ1
- 砂糖…大さじ1

● 作り方

1 あごだし・昆布でだしつゆを作る。
2 1にAを入れ、蒸しわらびを煮る。

蒸しわらび…採ってきたわらびを容器に並べ、熱湯をかける。上から藁灰をまんべんなく乗せ、蓋をして一晩蒸らす。きれいな緑色になったわらびを水でよくさらし、あくを抜く。

保存の仕方…生のわらびを一握りほどの束にして桶に並べ、多めの塩で漬け込む。食べる時は茹でて水に浸けておき、塩出しして使う。

珠洲市

🌸 ワンポイント
塩を多めに入れて漬け込むと保存できます。食べる時は茹でて水に浸けて塩出しして使います。

かたはの漬物

● 材料

かたは（みず）
塩…少々
新生姜（せん切り）
だし
塩

● 作り方

1 かたはは塩を入れた熱湯にくぐらせて、ざるに上げる。
2 1を3cmくらいに切る。
3 2を大きめのジッパーに入れ、塩とせん切りの新生姜を入れてもむ。
4 3にだしを入れ、塩で味を調える。

金沢市

🌸 ワンポイント
少しぬめり感のあるしゃきしゃき歯ごたえのある山菜です。茹で過ぎないように注意しましょう。

ぜんまいの
炒め煮

● 材料

乾燥ぜんまい
醤油
砂糖
だし汁
ごま油…少々

● 作り方

1 ぜんまいは水からゆでて沸騰したら火を止め、そのまま冷まし、何度か水を替えあくを抜く。
2 1を揃えて適当な大きさに切り、ごま油で炒め、調味料を加えてやわらかくなるまで弱火で煮る。

乾燥ぜんまい…ぜんまいは茹でて藁灰をまぶし、1日に数回手で揉みながら天日で干す。揉むと柔らかくなる。乾いたら保存する。戻す時は水から入れて茹で、沸騰したら火を止めて一晩おく。翌日、水を2～3回替えながら浸けておくとあくが抜ける。

小松市

🌸 ワンポイント
乾燥ぜんまいは戻すと量が増えます。使う量は多過ぎないよう注意しましょう。

メギスの団子汁

だしがしみたすり身の味わい

● 材料（4人分）

メギス（ニギス）のすり身……200g
ごぼう……40g
A ┌ 卵…1個
 │ 酒…小さじ2
 │ 味噌…大さじ1/2
 └ 片栗粉…大さじ1
昆布だし汁…4カップ
塩…小さじ1/2
醤油…小さじ1

● 作り方

1 ごぼうはささがきにし、水にさらしてあくを抜く。
2 すり鉢にすり身を入れてよくすり、Aを加え、さらによくする。
3 鍋にだし汁、ごぼうを入れて煮る。沸騰したら2をスプーンで団子状にすくいながら入れる。
4 3のすり身が浮き上がってきたら火を弱め、しばらく煮る。
5 塩・醤油を加えて火を止める。

 ワンポイント
金沢市 身がやわらかく鮮度が落ちやすいので、刺身や寿司ねたで食べられるのは地元の特権です。

新玉ねぎのサラダ みょうが軸添え

超簡単‥旬の香と食感満喫

● 材料

新玉ねぎ
みょうがの軸
きゃべつの花
かつお節
醤油

● 作り方

1 新玉ねぎをスライスする。
2 かつお節をかける。
3 きゃべつの花を添える。
4 みょうがの軸を添える。
5 好みで醤油をかける。

 ワンポイント
金沢市 旬の味覚を丸ごといただける手軽なさわやかサラダです。ポン酢でも美味しくいただけます。

イサザの卵とじ

能登の春の風物詩

● 材料（4人分）

イサザ（シロウオ）……200g
卵……4個
A ┌ 酒…大さじ4
 │ みりん…大さじ2
 └ 薄口醤油…大さじ1
三つ葉……適宜

● 作り方

1 Aを合わせて火にかけ、煮立ったらイサザを入れる。
2 1の火を弱め、溶いた卵を少しずつ流し込み、卵に八分ほど火が通ったら火を止める。
3 三つ葉は2〜3cmほどの長さに切り、あしらう。

 ワンポイント
穴水町 加賀では「スベリ」とも呼ばれています。生きたまま酢醤油で食べるおどり食いが知られています。

春のレシピ

017

せんなの萌え出ずる頃
食物繊維が多い山菜から
滋養をいただく里山春御膳

　金沢城・兼六園の市街地から約 15km、車で
30 分足らず。二俣へ向かう県道 211 号が森下
川を渡ったところで右折。上り坂の途中に清々
とした棚田の中の一軒家がお食事処まっきゃ
ま。どんぐり農園の無農薬野菜や採れたての山
菜で「とっておきのランチ」がいただける。そ
の日の野菜の味を確かめながら二人のばばが
「からだにやさしい」「とことんこだわった」料
理を作ってくれる。素材の味が主役という味付
け。仕上げのほんのちょっとの調味は自家製の
甘麹や塩麹、ミネラルたっぷりの天然塩、熟成
醤油‥。今日のランチはちょっと奮発して、山
中塗の丸盆を彩る里山の春御膳。里山の旬をひ
とりじめ「いただきます」。

作り置きしてわが家の味に
だし

● 材料
水……1ℓ
昆布……10cm角1枚
かつお節……25g
水(さし水用)……½カップ

● 作り方
1. 鍋に水と昆布を入れて火にかける。
2. 沸騰直前に昆布を取り出す。
3. 沸騰したら分量のさし水をする。
4. かつお節を加え、再び沸騰したら火を止めてあくをとる。
5. かつお節が沈んだらざるにキッチンペーパーをかけて静かにこす。

うのはな　　　　オクラ

ワンポイント
金沢市
だしも甘糀もいろいろな料理に使えるので、作り置きしておくと便利な調味料です。

いろいろな料理に使える
甘糀

● 材料
糀……1kg
玄米ご飯……4合
塩…少々
水……10合分
さまし水……1合

● 作り方
1. 炊飯器の玄米モードで4合の米を入れ水は1升まで入れて炊く。
2. 糀は手でぱらぱらにほぐす。
3. 1が炊けたらさまし水を入れて炊飯器から大きめの保温釜に移す。
4. 3に2を入れて混ぜる。
5. 保温釜の蓋を開けたまま手ぬぐいをかけて半日以上おく。
6. 時々かき混ぜて糀の良い匂いがしてくるまで待つ。
7. 甘みや匂いがよくなったら保温を止める。
8. 塩少々を入れて甘み調整をする。

きゅうりの糀粕漬け　厚揚げの糀漬け焼き

ばあちゃんの知恵袋
発芽玄米餅

● 材料
玄米……4合
小豆……50g
塩…3g

● 作り方
1. 玄米は常温の水で48〜72時間(発芽臭が気になれば冷蔵庫で)、または32度の湯で6時間おく。
2. 胚芽が膨らんで芽が出てくるまで水を替えながらおく。
3. 小豆も水に浸しておく。
4. 炊飯器に玄米・小豆・塩を入れ、水は4合の目盛りより少し多めにして玄米モードで炊く。
5. 4を保温して(寝かせて)3日目のものを俵状ににぎって1日おく。
6. かたくなったものを切ってオーブントースターなどで焼いて食べる。

玄米餅の栗まぶし　発芽玄米のおにぎり

まっきゃまの橋田由美子さんと中村明美さん

子どものころから母親やばあちゃんから
いろいろなことを教えてもらった。
いつも一緒に料理をした。
計量は自分自身の手であった。
何カップも何グラムも何ccもなくて
全部自分の舌で判断した。
もう少し醤油‥砂糖‥塩‥を入れないと‥。
野菜も山菜も採れる場所で味が違うので
まずかじってみてから調味料をプラスした。
いまもそうしているのですよ。

わらびの昆布じめ

● 材料
昆布じめ用昆布
酒
わらび

● 作り方
1. 酒を染み込ませたキッチンペーパーで昆布じめ用昆布の表面を拭き、塩と汚れをとる。
2. わらびをあく抜きして軽く洗い、水気を拭きとる。
3. 2を3cm長さに切って1の昆布に並べる。
4. 3をサランラップで板状になるように巻く。
5. 4をジップロックに入れて冷凍する。1週間ほどで食べられる。

卯の花

● 材料
おから	ごま油
こんにゃく	さつまいも
薄揚げ	濃いめのだし
にんじん	塩
ごぼう	ごま
しいたけ	季節の花

● 作り方
1. こんにゃく・薄揚げは短冊切り、にんじん・ごぼうはそぎ切り、しいたけは乱切りにして全部ごま油で炒める。
2. さつまいもは1cm角に切って蒸す。
3. 濃いめのだしに1を入れ、ゆっくり煮る。
4. ごぼうがやわらかくなったら2を入れ、最後におからを加えて煮る。
5. 塩で味を調え、ごまを散らす。
6. 季節の野菜の花を彩りに‥

ワンポイント
冷凍することによって昆布の旨味が素材に染み込みやすくなります。酒の肴にぴったりです。

炊き合わせ

● 材料
油揚げ	かぼちゃ
A ┌ だし 　│ 砂糖 　│ 醤油 　└ しょうが	C ┌ だし 　└ 塩
	ひらたけ
かたは	
B ┌ だし 　│ 昆布 　└ かつお節	D ┌ だし 　│ 昆布 　└ あごだし
	小松菜 　だし

● 作り方
1. 油揚げは短冊に切り、Aで煮る。
2. かたはは3cm長さに切り、Bで煮る。
3. かぼちゃは4～5cmの角切りにしてCで煮る。
4. ひらたけは石突きを切って食べやすい大きさに割ってDで煮る。
5. 小松菜はかるく茹で3cm長さに切り、だしびたしにする。
6. 器に盛り合わせる。

金沢市 ワンポイント
食物繊維たっぷりのおからに野菜の旨味が染み込んだ定番のおかずです。酒の肴にも。

金沢市 ワンポイント
余り野菜で簡単にできる家庭のおかずです。手作りした我が家のだしで作ってみましょう。

つるつるぷりぷりの食感
じゅんさい

●材料

生じゅんさい
A ┌ すし酢
  └ らっきょう酢
B ┌ 白味噌
  └ だし

●作り方

1 生じゅんさいは熱湯にさっとくぐらせる。
2 Aを鍋でひと煮立ちする。
3 2にB少々を加えて味を調える。
4 1に3をかける。

じゅんさいの花

ワンポイント
金沢市 じゅんさいは食物繊維やカルシウム・カリウムが含まれる低カロリーの高級食材です。石川県では絶滅が危惧される植物です。

甘くて旨い青大豆を混ぜた
かぼちゃサラダ
ごぼう添え

●材料

かぼちゃ
塩…少々
黒こしょう…少々
マヨネーズ…お好みで
青大豆（茹でたもの）
ごぼう
だし…適量
白すりごま…少々
スナップえんどう
塩…少々

●作り方

1 かぼちゃを切り、塩少々ふって蒸す。
2 蒸したかぼちゃをマッシャーで皮ごとつぶす。
3 黒こしょうとマヨネーズで味を調える。
4 青大豆を混ぜる。
5 ごぼうをだしで煮てから、ざるに取り汁を切る。
6 5が熱いうちに白すりごまをからめる。
7 塩茹でしたスナップエンドウを添える。

ワンポイント
金沢市 かぼちゃは蒸してからすぐ熱いうちにつぶすとなめらかに仕上がります。

なすのおいしさ新発見
焼きなす卵黄添え

●材料

なす
黄身醤油漬け
卵黄
醤油

●作り方

1 タッパーに醤油を2cmほどはり、卵黄だけそっと落として3時間ほど浸けておく。
2 なすはオーブンかフライパンで焼く。
3 2を水に入れてすぐ上げ、皮をむく。
4 3を小口切りにして並べ、真ん中に1をおく。

ワンポイント
金沢市 醤油漬けした卵黄を焼きなすにからませていただきます。

揚げじゃが

皮はかりっと中はほくほく

材料

新じゃがいも
玄米粉……少々
揚げ油……適量
A
┌ ウスターソース…大さじ1
│ とんかつソース…大さじ1
│ みりん…大さじ1
│ トマトケチャップ…大さじ1
│ 水…大さじ2
└ 和辛子(水練り)…好みで

作り方

1 新じゃがいもは皮つきのまま乱切りにし、かために蒸す。
2 水気をきって袋に入れ、玄米粉をまぶして少しなじませる。
3 2を油で揚げる。
4 Aを合わせて鍋に入れ、弱火でかき混ぜながらソースを作る。
5 3を4につけてからませる。

ワンポイント
金沢市
子どもたちにも喜ばれる手軽な一皿です。小さなじゃがいもは丸ごと使います。

甘糀のシャーベット

超簡単なヘルシースイーツ

材料

甘糀(玄米入り)
塩…少々

作り方

1 甘糀に塩を少々足してドーム型の氷作り容器に流し込む。
2 1を冷凍庫に入れて凍らせる。
3 半日ほどでシャーベットの完成。

ワンポイント
金沢市
季節のフルーツをトッピングしても美味しくいただけます。暑い日の栄養補給にどうぞ。

わらびときゅうりの酒粕漬け

酒の肴・お茶請けにも

材料

わらび
きゅうり
酒粕
塩

作り方

1 わらび・きゅうりなどはたくさん採れる時期に塩漬けにしておく。
2 酒粕の床に並べて漬ける。

わらびの塩漬…生のわらびを一握りほどの束にして容器に並べ、塩を多めに入れて漬け込む。食べる時は茹でて水に浸けておき、塩出しをする。

粕床…酒粕100gと焼酎(またはみりん)50mlを耐熱容器に入れ、電子レンジで40秒ほど加熱する。しっかりかき混ぜてペースト状になったら完成。

ワンポイント
金沢市
涼しい時期には保存できますが、暑い時期に長く置くと味が変わるので注意しましょう。

春のレシピ

医王山山麓の金沢キッチンでは里山料理教室＆週末カフェを、まっきゃまでは火曜日のモーニング

庭からは医王山麓越しに金沢市街・日本海を眺望

両白山地の北端にある医王山。「いおうぜん」と呼ぶ。薬草が多く薬師如来を祀ったことから唐の育王仙に因む命名とか。「十九の時に山登りした最初で最後の山」とは室生犀星。泉鏡花の『薬草取』の舞台でもある。藩政時代は戸室石の産地。金沢城の石垣や兼六園の石橋、辰巳用水の石管に使われている。取材の発端は山懐にある金沢キッチン。里山料理教室＆週末カフェを主宰する野菜ソムリエの丸山順子さんは大阪出身。戸室石などを活用する工芸作家・郁夫さんの故郷に戻って活動する。森の環境を生かして赤ちゃんとお母さんの料理教室・田植え体験や畑で収穫した野菜で料理を作るはぐくみスクール・週末はカフェレストラン、季節ごとのイベントなども開催する。

忙しい時は郁夫さんも順子さんのお手伝い

▲梅雨の田植え体験は決して忘れない想い出だ
◀森の中の畑では有機の野菜を栽培する

どんぐり農園。背後はまっきゃま観音樹。自然の樹形

国連が定めたSDGsの取り組みを始めた農事組合法人まっきゃまの人びと。持続可能な地域づくりを行なっている

　「とんがり山を背にして立つと、権殿山・市の瀬山・柚木山その後ろに医王山、眼下には森下川にかけて棚田が開けています」。どんぐり農園からの眺望。明治の頃は70戸の大所帯だったが、今は17世帯35人の限界集落だ。先祖の棚田を守りたいとの想いで「農事組合法人まっきゃま」を設立した。平成30（2018）年のことである。自然栽培の稲や固定種の野菜を無農薬でゆっくり育てる。「丈夫な苗を育て土の中の微生物の力を借りて稲の力を引き出します。育てているお米はこしひかりとイセヒカリ。小粒で甘みがあって粘っこいのがまっきゃま米の特長です」。採れたての食材を使って毎週火曜日ワンコインモーニングを開く。里山活動・地域活性化のためにSDGs※にも参加した。

▲手押しの自動草刈機。半世紀前の最新農機具

◀自然栽培まっきゃま米は商標を登録、ネットでも販売もしている

▶かたはがいっぱい。大喜びする橋田さん

▲まっきゃまモーニングはワンコイン・バイキング。無農薬の野菜や旬の山菜などばばの料理が並ぶ

SDGs※125ページ「里山ふゆ暦」参照

赤ちゃんとお母さんの料理教室

赤ちゃんとお母さんの料理教室
ニョッキ

● 材料（3人分）
じゃがいも……100g（皮をむいた分量）
強力粉……50g
塩……少々
薄力粉（打ち粉用）……適量
A「生クリーム……50g
 └牛乳……50g
B「パルメザンチーズ……大さじ1
 └塩……少々
ブラックペッパー……好みで
タイム……適量

● 作り方
1 じゃがいもを蒸し器でやわらかくなるまで蒸す。
2 1を温かいうちに粒が残らないよう丁寧につぶす。裏ごしをしてもよい。強力粉と塩を加えて切るように混ぜる。
3 まな板に打ち粉をして2をのせ、押すように混ぜる。
4 表面が滑らかになったら厚さ1.5cmくらいの長方形に整え、少し休ませる。お湯を沸かしておく。
5 生地を1.5cm幅にカットしていく。一口大に丸め、手で押さえてフォークで型をつける。
6 Aを鍋に入れて煮立たせる。Bを入れ、ブラックペッパーを加えてとろみがつくまで混ぜる。
7 5を茹でる。浮き上がってきたら6のソースに入れて絡める。

赤ちゃんとお母さんの料理教室
きゅうりと蒸し鶏の梅肉和え

● 材料（8人分）
鶏むね肉……1枚
きゅうり……3本
生姜……5gほど
塩麹・ごま油……各大さじ1
酒……小さじ1
塩こしょう…少々
A「酢……大さじ2
 └鶏のだし・梅肉……各適量

● 作り方
1 むね肉は厚い部分は開いて均一の厚さにしておく。塩麹・しょうが千切り・ごま油・酒・塩こしょうをしてしばらく置いておく。蒸し器で15分ぐらい蒸し、冷める前に細かく裂いてだしになじませておく。
2 きゅうりは縦に切って斜めにスライス薄切りにする。塩小さじ1くらいをふりかけ浸透させ、しんなりしたらペーパーでしっかりしぼる。
3 1が冷めたら2と合わせ、Aのドレッシングをかける。

赤ちゃんとお母さんの料理教室
キャベツの塩麹マリネ

● 材料
春キャベツ……400g
塩麹…大さじ1
オリーブオイル…大さじ2
レモン汁…大さじ1
こしょう…少々

● 作り方
1 キャベツはスライサーなどで千切りにする。
2 塩麹（分量外）を1にもみ込み、水気をしっかりしぼる。
3 オリーブオイル・塩麹大さじ1・レモンで和えてこしょうで味を調える。

金沢市

ワンポイント
ドレッシングと一緒にだしも合わせると美味しいです。

金沢市
ワンポイント
和えるだけ、あと一品に便利なおかずです。味がなじむまで少しおくと美味しくいただけます。

金沢市
ワンポイント
さつまいも、紫いも、かぼちゃなどでも美味しくできます。

オーガニックでヘルシーなおやつの定番
ピーナッツバタークッキー

● 材料
```
┌ 有機薄力粉(国産)…70g
│ 全粒粉(狼煙産)…70g
A 粗糖…30g
│ 自然塩…ひとつまみ
└ 水…大さじ1.5(23g)
ピーナッツバター(無塩・狼煙産)…大さじ2
国産なたね油…大さじ1²/₃(25g)
```

● 作り方
1 ボウルにAを入れ、よく混ぜる。
2 ピーナッツバターとなたね油を加え、粉っぽさがなくなるまで手で混ぜ合わせる。
3 生地を一口大に丸めて天板に並べ、フォークの背で押して平らにする。
4 170℃のオーブンで約25分焼く。(焼き加減・時間は調整する)
5 オーブンから出して天板にのせたまま冷ます。

 ワンポイント
珠洲市 生地を混ぜるときは素早く混ぜて、練らないようにします。レーズンやチョコチップなどを入れてお好みのクッキーを作ってみましょう。

お好みの豆で作る
古代米と大豆の穀物サラダ

● 材料(4人分)
```
古代米(黒米・赤米・緑米)       レタス
          ……100g          ┌ バルサミコ酢
蒸し地大豆(大浜大豆)          │ 柿酢
          ……100g         A│ 米酢
紫玉ねぎ……1/2個            └ アップルビネガー
紅芯大根                   オリーブオイル…大さじ4
ビーツ                    はちみつ……小さじ1
きゅうり                   塩こしょう
```

● 作り方
1 野菜は7mmくらいの角切りにする。
2 鍋にたっぷりの水と古代米を入れて火にかけ、沸騰してから約10〜15分、古代米がぷりぷりの食感になったらざるにあけて湯を切る。歯応えが残る程度にゆでる。
3 野菜・大豆・古代米をボウルに入れ、まずはオイルをまわしかけてなじませる。
4 Aは合わせて大さじ3になるように混ぜて3に加える。
5 好みではちみつを加え、塩こしょうで味を整える。
6 ざっくりと全体に味がなじむように混ぜたら完成。

 ワンポイント
珠洲市 古代米は玄米にしても。好みの豆・季節の野菜でどうぞ。酢とオイルは数種類混ぜた方がコクが出て美味しいです。まずオイルとなじませてから調味料を加えることで水っぽくなるのを防ぎます。

農薬を一切使用せずに自根栽培
葉や皮まで食べられる野菜づくり
千年先も地球で農業できますように

空と大地と生きものと‥畑はみんなをつなぐ場

「菊水川」の雅名を持つ犀川左岸の赤土町。水田の間に点在する畑で若者たちが作業する。夏の日差しに日焼けした筋肉が眩しい。若い力が大地を耕す。応えるように野菜たちが空を目指して成長する。「結婚を機に農家になりました」とは鍋島亜由美さん。智彦さんとこれからの人生を考えたのがきっかけ。「トモファームあゆみ野菜」を立ち上げた。トモさんは鳶職、亜由美さんは片町のホステスからの転身だった。葉も皮も丸ごと食べられる野菜づくりにこだわった。農薬は一切使わず、野菜自らの根で育つ自根栽培。四季を通して作付けする野菜は100種を超える。微生物が元気に働けるように土の手入れは欠かせない。新たな若い力が加わって昨年、法人化して「メグリー」が誕

命はみんな同じ、捨てる野菜で作っためった汁

生した。すべてのいのちが豊かにめぐ
り続けますように‥の思いを込めて命
名した。娘が直に食べられる野菜づく
り。地球に負担をかけない農業を目指
す。「日本人はたいていふるさとの山を
持っている。山の大小遠近はあっても、
ふるさとの守護神のような山を持って
いる。そしてその山を眺めながら育ち、
成人してふるさとを離れても、その山
の姿は心に残っている。どんなに世相
が変わっても、その山だけは昔のまま
で、あたたかく帰郷の心を迎えてくれ
る」。『日本百名山』の深田久弥の山は
白山。赤土町の冬の畑からは雪を被っ
た「しらやまさん」が望める。

霊峰白山を「しらやまさん」と親しみを込めて呼ぶ

鯛の唐蒸し

● 材料（4人分）

タイ……2尾
おから……2カップ
茹でたけのこ……20g
ごぼう……1/2本
にんじん……20g
きくらげ……6枚
ぎんなん……8粒

麻の実……小さじ1
A {
　だし汁……1カップ
　砂糖……大さじ6
　酒……大さじ4
　醤油……大さじ4
}
塩……少々

● 作り方

1 茹でたたけのこ・ごぼう・にんじん・もどしたきくらげは千切り、殻をのぞいたぎんなんは茹でて薄皮をむいておく。

2 タイはうろこを取り、背びれの裏側から背開きして内臓を取り出して洗う。海水程度の塩水に1時間ほど浸けて塩味をなじませる。

3 1を炒め、Aの調味料、おからを入れて焦がさないように充分に炒り、麻の実を混ぜて冷ます。

4 2の切り口に3を詰め、40〜50分ほど蒸す。（魚の大きさで蒸し時間は異なる）

 ワンポイント
珠洲市 お祝い事、特に婚礼に用意される加賀料理で、2尾のタイを腹合わせに盛り付ける習わしです。

大納言の赤飯

お祝いに心を込めて‥蒸し器で炊く

● 材料（1升分）

小豆（珠洲産大納言小豆）……1合（約150g）
料理酒……100ml
塩（珠洲の塩田）……大さじ1
もち米……9合（かぐらもち5合・新大正糯4合）
うるち米（コシヒカリ）……1合

● 作り方

1 厚手の鍋に洗った小豆を1合と水1ℓを加え、落とし蓋をして沸騰させる。火を中火にして約20分茹でる。

2 ボウルの上にざるを置いて1をあける。茹で汁はとっておく。

3 小豆は、再び鍋に600mℓの水を入れて落し蓋をして沸騰させる。弱火にして約10分茹で、火を止めて5分間おく。

4 小豆の腹が切れないように茹で、やわらかくなったらボウルの上にざるを置いてあける。

5 4の茹で汁（400ℓ）に料理酒と塩を加え、沸騰させて火を止める。あくを取っておく。
赤飯の蒸し方

6 もち米をとぎ、2の茹で汁を一晩給水させる。（最低2時間）ざるにもち米をあけ、約20分間水を切る。

7 鍋に湯を沸騰させ、せいろに簀をのせてかたく絞った蒸し布を広げてもち米を入れ、台座に置く。蓋をして蒸気が上がってから15分蒸す。蒸し上がっているのを確認する。

8 小豆の茹で汁5を温める。7のおこわを大きいボウルにあけて、温めた茹で汁を満遍なく混ぜる。

9 茹で小豆4を加えて再びせいろの蒸し布の上に戻し、蒸気が上がってから45分間強火で蒸す。鍋の湯が充分あることを確認する。

10 5分間蒸らしたらおひつにあける。

 ワンポイント
珠洲市 栗などを加えるときは9で蒸すときに加えると良いです。せいろの中に米を入れるとき、すり鉢のように入れます。蒸気の穴が台座の真ん中にあいているので、蒸気の道をあけておく為です。

なめらかな食感
白ごま豆腐

● 材料（4人分）
練りごま白（市販）……100g
本みりん……100ml
よしのくず（葛粉）……80g
昆布だし……750ml
塩……小さじ½

● 作り方
1 練りごまと本みりんを合わせた中へよしのくず・昆布だし・塩を混ぜ合わせたものを加えてよく混ぜる。
2 1を火にかけて弱火でねっとりするまでよく練る。
3 2がねっとりしたら火を強め、さらによく練りあげる。
4 3が練りあがったらバットに移して冷ます。

金沢市　🅰ワンポイント
練りごまはすりごまとごま油をミキサーやフードプロセッサーで撹拌しても作ることができます。

正月・家庭料理にも
サワラの昆布じめ

● 材料
サワラ……1尾
塩
広板昆布
酒
酢

● 作り方
1 サワラは3枚におろして中骨を抜き、皮を引いて薄くそぎ切りにし、塩を少々振る。
2 昆布は汚れを拭きとり、酒・酢で表面を拭いておく。
3 1のサワラを並べて巻き、ラップに包んでから巻きすで包み、輪ゴムで止めて軽い押しをして1日置く。

金沢市　🅰ワンポイント
石川県ではカジキマグロのことを「サワラ」と呼んでいます。

黒豆おこわ
みたま

● 材料（4人分）
もち米……5カップ
黒豆……1カップ
塩……小さじ1
水……3〜3.5カップ
（好みで砂糖を大さじ3〜4）

● 作り方
1 黒豆は分量の水と塩に一晩浸けておく。
2 ふっくらと戻った豆の水気を切り、蒸し器でやわらかく（約1時間）蒸し上げる。
3 もち米は一晩水に浸けて、水気をきり、2〜3回打ち水をしながら強火で45〜50分蒸し上げる。
4 黒豆を混ぜる。

金沢市　🅰ワンポイント
地域によってはその見た目から「めだま」と呼ぶこともあります。

上昇気流が運んできた大地の匂い
土の中にすむ微生物の力を借りて
無農薬・無化学肥料で循環農法

伊勢光の実り。背後に見えるのが鳥越山

　有機栽培の話題になると羅針盤がここを指す。導かれるまま鳥越のエコファーム奥野へ。奥野誠さんの出身は富山。ハングライダーで全国を飛び回った青春時代。それが縁で白山がふるさとになった。1991（平成3）年のこと。空を飛んでいると上昇気流で大地の匂いがするという。自然の中で働きたい。書物と現場の違いを感じる。『ニンジンから宇宙へ』を著わした赤松勝人さんを訪ねて大分へ。「無農薬・無化学肥料で循環農法を実践する百姓」である。2週間世話になって土と作物に触れた。身土不二の意味を思う。鎌一つ長靴一つで始めた。最初に開墾した吉野谷の農地、すぎのこ温泉前の畑から大日川沿いの若原へ。5年前に妻を癌で亡くした。昨年二十歳になった次男が加わっ

▲二十歳になる次男が農の道を選んだ
◀自根栽培で連作を実現した奥野誠さん

獅子吼高原から飛び立ったパラグライダー。眼下は手取川と鶴来の街

最初に開墾した畑は猿害に遭う

た。農薬や化学肥料を使わない。土の中にいる微生物の力を借りて野菜を育てる。時に顕微鏡で畑の土を分析する。土壌菌やミネラルなど栄養のバランスを整える土を作るためだ。手植えした伊勢光や古代稲は水田栽培。実った伊勢光の穂の背後に鳥越山がある。山頂の鳥越城跡は織田信長に抵抗した加賀一向一揆最後の砦だ。1580（天正8）年に柴田勝家に攻め落とされ、室町から戦国にかけて約100年間の一揆の歴史が幕を閉じた。「百姓の持ちたる国」終焉地は国の史跡になった。

鳥越山を眺める道の駅

瀬波川は手取川の支流

「百姓の持ちたる国」が終焉を迎えた鳥越城址

すぎのこ温泉に住んだ時期もある

国道157号鶴来そば街道には蕎麦店が点在する。とりごえそば相滝とそば御前

八幡神社に立ち続ける「五十谷の大杉」

能登豚肩ロース肉の梅酒煮

●材料

豚肩ロース肉ブロック（400g）……2個
梅酒……200ml
醤油……200ml
砂糖……140g
旬の野菜（トマト・レタス・玉ねぎなど）

●作り方

1 豚肩ブロック肉はキッチンペーパーで水分を取り、竹串で穴を開けて火を通りやすくしてフライパンでまわりを焼く。
2 寸胴鍋に梅酒・醤油・砂糖・水1ℓを入れて温める。
3 2に1を入れて沸騰したら弱火にし、あくを取って落し蓋をして約1時間煮る。
4 3が冷めたら豚肉を取り出し、1cmの厚さに切り分ける。煮汁はドレッシングとして使う。
5 季節の野菜を付け合わせる。

 ワンポイント
途中で煮汁が少なくなったら適宜お湯を足します。煮ている間は鍋の中を箸などでさわらないようにしましょう。

豚肩ロース肉と野菜の旨味たっぷり

ポークシチュー

●材料

豚肩ロース肉……480g	バター……50g
じゃがいも……2〜3個	小麦粉……大さじ6
にんじん……2本	水……800ml
玉ねぎ……2個	牛乳……400ml
ブロッコリー……適量	コンソメ……6個
サラダ油……大さじ2	生クリーム……200ml
	塩こしょう……適量

●作り方

1 フライパンにサラダ油をひいて豚肉を炒め、皿に取り出して塩こしょうしておく。
2 じゃがいも・にんじん・玉ねぎは食べやすい大きさに切り、1を取り出したフライパンで炒める。じゃがいもの表面が少し透き通ったらバターを溶かし、いったん火を止める。
3 2のフライパンに小麦粉を加えてよく混ぜ、中火にして水を加える。さらに牛乳を加えてよく混ぜ、コンソメを加える。
4 煮立ったら弱火で野菜がやわらかくなるまで煮る。
5 ブロッコリーを塩茹でする。
6 仕上げに1の豚肉と生クリームを加え、ひと煮立ちさせる。
7 皿に盛り、ブロッコリーをのせる。

 ワンポイント
粉から作る本格クリームシチューです。子供たちにはご飯にかけて食べるシチューライスをどうぞ。

旬の加賀野菜を使った家庭料理
たけのこ昆布

● 材料
茹でたけのこ……1本　　　みりん……大さじ2
昆布……20g　　　　　　　砂糖……大さじ1
昆布の戻し汁……600cc　　醤油……大さじ3
酒……大さじ2　　　　　　木の芽……適宜

● 作り方
1 たけのこは1cm厚さの半月切りにし、穂先は縦に2〜4つ割にする。
2 昆布は洗って水に戻し、5cmに切る。戻し汁は取っておく。
3 鍋に1・2を入れ、戻し汁と酒を加えて火にかける。
4 沸騰したら、みりん・砂糖を加え、弱火で15分ほど煮る。
5 醤油を入れ、さらに15分ほど煮込む。
6 煮汁とともに器に盛り付け、木の芽を飾る。

 ●ワンポイント
金沢市 金沢に春の訪れを知らせる孟宗竹のたけのこは加賀野菜です。金沢市近郊の山はたけのこの産地です。

お母さん手作りの懐かしい味
能登牛のじゃがいもコロッケ

● 材料（16個分）
じゃがいも（能登赤土馬鈴薯）……1kg
玉ねぎ……200g
牛の脂身（背脂）……大さじ1
合挽き肉……150g
小麦粉・卵・生パン粉・揚げ油……各適量
塩こしょう……適量

● 作り方
1 じゃがいもは皮をむいて大きさをそろえて切り、水に浸けておく。
2 玉ねぎはみじん切りにして牛の脂身で炒める。
3 1を茹でて、十分に火が通ったら茹で汁を切り、粉ふきいもを作る。小さじ1の塩を加え、マッシャーでつぶす。
4 2の玉ねぎの入ったフライパンの真ん中に合挽き肉を加えて炒め、塩こしょうする。
5 3・4を混ぜ合わせ、味を調える。
6 冷めたら5を手に取り、形を整える。
7 小麦粉・溶き卵・パン粉の順に衣をつけ、揚げ油でからりと揚げる。

 ●ワンポイント
志賀町 さくさく揚げたての衣とほくほくのじゃがいもコロッケは定番のおかずです。

素材を引き立たせる甘口醤油
加賀百万石の食文化とともに発展
醤油醸造所の港町は「こまちなみ」

大野醤油は地域のブランド

そこの横丁の角を曲がれば、もう旅です‥『遠くへ行きたい』という番組での永六輔の一言。大野川の河口にタイムスリップしたような家並みがある。団塊世代には懐かしさ、若者にはレトロな魅力の街並みだ。黒瓦と板塀が温かい。風が醤の香を運ぶ。大野川河口の港町には歴史漂う醤油工場や醤油蔵、町家などが残る。北前船の寄港地として賑わった。元和年間（1615〜1623）に直江屋伊兵衛によって始められた醤油の生産地。銚子・野田・小豆島・竜野と共に江戸時代の醤油5大産地。最盛期には60軒以上もあったという。甘口醤油造りが始まったのは400年前。ヤマト醤油と直源醤油を筆頭に18の醤油醸造所がある。色が淡い甘口の醤油は加賀料理には欠かせない。

▲道ゆく人への思いやり
◀直源の醤油蔵

長町の武家屋敷。武家料理として治部煮は始まる

「じわもんは母が作ってくれた料理」と話す青木悦子さん。青木クッキングスクール校長で郷土料理研究家。昭和32（1957）年に長町料理塾を開校した。「藩政期から続く武家料理の伝統を受け継ぐ‥食の遺産というべきふるさと料理を守り伝えなければ」の思いから『四季のふるさと料理』を刊行。加賀藩台所の料理人を描いた映画『武士の献立』では古文書に残された江戸中期の料理の再現監修。料理塾60年を記念して「アツフルじぶ」を考案した。治部煮にリンゴを加えた新作。明治期の長町にリンゴ畑があったこと、幕末の藩士の日記に藩主の妻女が餅にアツフルをつけて食べるくだりがあったことがきっかけ。「リンゴは鴨、わさびとも不思議なくらい合う。長町発の名物料理に」と。

長町一の橋に青木クッキングスクールがある

アツフルじぶを考案した青木悦子さん

茄子のオランダ煮

たけのこ昆布

加賀太きゅうりのあんかけ

治部煮

◀香りと色とうま味と甘味‥
伝統製法で造られた大野紫

淡白な味で身離れがいい
ハチメのおざし（塩焼き）

●材料
ハチメ（ウスメバル）
天然の粗塩……適量

●作り方
1 ハチメはうろこを取り、えらと内臓を取り除く。
2 身に切り込みを入れ、両面にまんべんなく塩をふる。焦げやすいひれには厚めにふる。
3 予熱したグリルに2を入れ、中火で表面に焼き目がつくまで焼く。

 ワンポイント
塩焼きはハチメ（メバル）の定番料理です。子どもにも食べやすい魚です。薄造りの刺身は上品な味で、地元でしか味わえない貴重品です。

ふっくら白身がおいしい
ハチメの煮付け

●材料（4人分）
ハチメ……4尾
昆布……1枚
梅干し……4〜5個
醤油…適量
酒…適量

●作り方
1 ハチメはうろこを取り、えらと内臓を取り除く。身に斜めに切り込みを入れる。
2 鍋に水・昆布・梅干しを入れ、ひと煮立ちして醤油・酒で味つけする。
3 2に1を入れ、落し蓋をして弱火で煮る。

 ワンポイント
石川ではメバルの仲間を八目（ハチメ）と呼んでいます。昆布・梅干しで魚臭さが抜け、砂糖は入れなくても美味しくできます。

お祭りお祝いの席には欠かせない
タイのおざし（塩焼き）

●材料
タイ
天然の粗塩……適量

●作り方
1 タイのうろこを尾から頭に向かって取る。両面取れたら流水で洗い流す。
2 えら蓋を開けてえらを取り除く。内臓も取り出したら流水でしっかり洗う。
3 2に粗塩をまんべんなくふる。高い位置からふると全体にむらなくかかる。30分ほど置いて浸透圧で水分を出す。
4 3の水分を拭き取り、ひれに化粧塩をして弱火でじっくり焼く。

 ワンポイント
塩焼きの残った身で鯛飯を作りましょう。骨や皮を除いてほぐした身と調味料を入れてご飯を炊いて出来上がりです。

郷土の食材の風味を楽しむ
加賀太きゅうりのあんかけ

● 材料（4人分）
加賀太きゅうり……1本
煮干し……中3～5本
醤油…大さじ2
片栗粉…適量

● 作り方
太きゅうりの皮をむいて中の種を出し、少し大き
めに切って煮干しのだし汁でゆっくり煮る。
醤油で味つけして水溶き片栗粉を入れてとろみ
をつける。

金沢市 ワンポイント
加賀きゅうりは果肉が厚くてやわらかいので煮物や炒め物にも
合います。冷たくてもおいしくいただけます。

シンプルに豆の旨味を楽しむ
青大豆の塩ゆで

● 材料
青大豆……（250g）
塩……（大さじ1）

● 作り方
1 青大豆は一晩水に浸しておく。
2 翌日たっぷりの水でゆっくり茹でる。
3 やわらかくなってきたら塩を入れ、さらに茹でる。
4 蓋をしたまま、ゆっくり冷ます。

金沢市 ワンポイント
青大豆は熟しても青い大豆です。豆の旨味が茹で汁にも出ます。
茹で汁ごと冷ましましょう。

具沢山ご飯にかけてもおいしい
春キャベツのとろみ汁

● 材料
牛肉切り落とし……300g
玉ねぎ……3～4個
キャベツ……1/2個
生しいたけ……3～4枚
もやし・さつま揚げ……各1袋
バター…適量
塩こしょう…少々
片栗粉…大さじ2杯

● 作り方
1 バターを熱し、牛肉を炒める。
2 玉ねぎ・キャベツ・しいたけ・もやし・さつま揚げの順
に入れて炒める。
3 しんなりしてきたら水をひたひたに入れ、塩こしょうで
好みの味つけにする。
4 沸騰したら片栗粉でとろみをつける。

金沢市 ワンポイント
とろみをつけた後、溶いた卵を回し入れるとかき玉
とろみ汁ができます。

春のレシピ

里山春暦

さとやまはるごよみ

暦の上では、立春（2月4日頃）から立夏（5月6日頃）の前日までの季節が春。陰暦の一月二月三月にあたります。季節の流れの中で作物を作り、祭りなどの行事を行いました。行事食や保存食など地域の料理は先人の知恵や工夫の産物です。春、山や里には新たな生命が芽吹きます。みんな季節の恵みです。

春は新生の時季。寒さに耐えていた小さな生命がそこかしこに芽生える。ばばのかいど（会度＝たまり場）に腰掛けて耳を澄ましていると、やわらかな春の風が生まれたばかりの草花の産声を届けてくれる。

春風やいろいろの香をそそのかし

松任に生まれ育った千代女の詠んだ一句である。季節を心待ちにする感性は元禄も令和の今も変わらない。

医王山（いおうぜん）の清水が湧く池のふちにはせんな（葉山葵）やせり（芹）、日当りのよい土手にはふきのとう（蕗の薹）が顔を出す。

春の山菜にはほんのりした苦味がある。「毒おろしのためにはふきのとうが良い。冬の間に縮こまっていたからだを目覚めさせてくれるから」とばばは言う。冬眠から覚めた動物はまず山菜を食べる。腹に溜まった宿便を出すためだ。同じように昔の人は山菜を食べて腸内の毒素をおろしてリフレッシュした。苦味成分は抗酸化作用のあるポリフェノール類で新陳代謝を促進したり、活性化酸素を除去して老化の進行を遅らせたりする働きがある。

山菜を食べる習慣は縄文時代から続く。農山村には欠かせない食材で280種以上もある。七草粥など行事食として用いられたり、乾燥や塩蔵など保存方法も工夫されて飢饉の時の食料として利用されもした。

「和え物のほか、汁物に入れたり、天ぷらにしたり、ふきみそにしたり、何にでも入れました」。あさつき（浅葱）のぬた、ぜんまい（薇）の炒め煮、わらび

せんな（葉山葵）

（蕨）のお浸し、こごみ（屈）の胡麻和え、のびる（野蒜）の酢味噌和え、よもぎ（蓬）餅、もみじがさ（紅葉傘）の和え物、かたくり（片栗）の酢の物、つるにんじん（蔓人参）、かたは（水蕗）‥。春の里山は山菜の宝庫。山菜料理は日本の食文化の原点である。

4月の終わり、山に孟宗竹の竹の子が出る。「尾根沿いの東南に向いた斜面に出るのがいい。えぐみが少なく、そのまま煮られます」。湯を沸かしてから掘りに出かける。戻るとすぐ湯通しして刺身にする。新鮮な竹の子ならではの味わい。

若竹煮には昆布を使う。「味付けは味噌か醤油、それと日高昆布。婦人会がまとめ買いするので一年分あるんで

す。この昆布を使って春に採れるものはなんでも昆布締めにしています。昆布は年中手放せない」そうである。

たくさん採れた山菜は塩漬けにして保存する。おからと塩を同量用意する。「山菜をぶっこんで、さっと塩が残るくらいかける。塩だけだと臭みが出るのでおからもかける」。1年間、蓋つきの発泡スチロールで保存する。

「自然な状態で食べるには清水できれいにせんかったらいかん」。採ってきた山菜は裏の湧き水でいつも洗う。山菜採りのルールがある。「後々のことを考えて乱獲しない。根こそぎ採らない。手で摘んで引っ張る。少し残すことが大切。3本あったら2本取って1本は残す」。じいちゃんの知恵である。

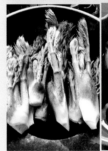

たらの芽　　たけのこの煮物

春の行事と農耕儀礼

2月如月‥きさらぎ

6日●ぞんべら祭り（輪島市門前町・鬼屋神明宮）
　田の荒おこしから田植えまでの行事を神前で行う豊作祈願

9日●あえのこと（輪島市・珠洲市・穴水町・能登町）
　田の神送り

15日●百姓正月（能登）
　田の神様が田んぼへ帰られる日

16日●モッソウ祭り（輪島市久手川）
　早朝に村人が集まり、モッソウメシ（高く盛った白飯）と大根とにんじんの酢和え、いとこ汁などを腹一杯食べる

17日●祈年祭・下種祭（白山比咩神社）
　春を迎え、全ての農作物の生々化育を祈念。宮司より神饌田奉耕の田長に委嘱状並びにイセヒカリの忌種を授かる

3月弥生‥やよい

1日●いさざ漁　～5月31日（穴水町）
　「四手網」を使って川に遡上するいさざを獲る伝統漁法

3日●桃の節句
　菱餅・あられ・金花糖・白酒・しじみ汁・赤飯・カレイの煮付け
　●豊年講春季大祭（白山比咩神社）
　●お彼岸
　小豆・きな粉・ごまのぼた餅（牡丹餅）を仏様にお供えする

9日●春の山祭り
　山の神様が木を測って伐る木を決める日。御神酒やぼた餅などをお供えする。道具の手入れをして1日休ませる

4月卯月‥うづき

3日●弓引祭（能登町十郎原）
　矢を射って魔除けと豊作を祈る神事。松皮の煮汁で玄米粉をついた菱餅（松香餅）や炒った種籾（ハゼ）などを供える

15日●春祭り（金沢）
　小鯛を酢でしめた押し寿司を作る
　鯛を煮てその煮汁でぜんまいを煮る

25日●蓮如さん
　蓮如上人命日。仕事を休んで寺にお参り、餅や煮しめを作る

5月皐月‥さつき

●田植え
　休憩時には、きな粉をかけた炊きたての飯をほお葉に包んだほう葉ままを食べる

5日●端午の節句
　ちまき・かしわ餅・よもぎ餅など

15日●天狗祭り（白山麓）
　天狗に一年の仕事の無事を祈る。ぼた餅やスルメを地蔵に供え、山菜やこけの煮しめを持ち寄り酒を酌み交わす

幼穂の頃の稲は
ぐんぐん伸びる育ち盛り
青田を揺らして風が過ぎる。
江戸から続く氷室開きは金沢の風物詩。
輪島ではサザエ・アワビの海女漁が解禁になる。
虫送りが終わると能登は祭りの季節
皮切りは宇出津のあばれ祭り
半島を巡る漁村の夜空に切籠が灯る。
祭御膳が振舞われる「よばれ」も健在、
運が良ければ芋蛸もいただける。
秋の足音が近づいてくる。

夏をいただく

『どろむしゃゆけーしんむしゃゆけー』
地下郁人 小学5年
（水土里ネット「ふるさとの田んぼと水」子ども絵画展 2014 入選）

きんじそう【金時草】

●茎葉が鋸歯状で艶があり、表は緑色で裏は赤紫色という特徴のある野菜。鮮やかな金時色（赤紫色）をしているので「金時草」の名が付いた。周年市場にあるが元々は夏の野菜。酢の物にして食べるが、さっと茹でると鮮やかな金時色に変わり独特のぬめりが出る。ビタミンA・B₁・B₂、カリウム・鉄分・カルシウムを多く含む。奄美大島では「はんだま」、熊本では「水前寺菜」、愛知では「式部草」と呼ばれるように、ビタミン不足を補うために積んだ草を北前船が寄港地ごとに運んだのかもしれない。

金沢市花園地区・かほく市
6月下旬〜11月

あかずいき【赤芋茎】

●里芋の葉柄を「芋茎（ずいき）」、乾燥させたものを「芋柄（いもがら）」と言う。石川県で作られる芋茎は八つ頭（やつがしら）の葉柄である。太くて赤い葉柄の皮をむいて茹でて酢の物や漬け物にする。古くから芋茎は古血を洗うとか、産後の肥立によいとされてきたように、芋茎には鉄分・カルシウムはじめ、食物繊維・カリウムが多く含まれ、便秘や高血圧にも効果的である。

金沢市花園地区・三馬地区
6月中旬〜9月

夏

の

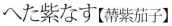

へた紫なす【蔕紫茄子】

●名の通りへたの下まで紫色になる短卵形の小なす。色や艶・日持ちがよく、皮も薄くて果肉が柔らかく甘みがあるのが特徴。夏の代表的な野菜である。漬け物や煮物に最適で、産地の「崎浦丸なす」として親しまれる。主成分は糖質で、カルシウムと鉄を多く含む。切ったらすぐ塩水に浸けてアクを抜くのがポイント。

金沢市崎浦地区
6月上旬〜11月中旬

うつぎあかがわあまぐりかぼちゃ【打木赤皮甘栗南瓜】

●形は円錐栗型で、果肉は厚く粘質で、しっとりとした味わい。極早生で着果もよく食味も良好、しかも果皮の朱色が鮮やかなので料理の彩りとして親しまれている。果肉に含まれるカロテンは腸内でビタミンAに変化し、目の疲れを癒し風邪を予防する効果がある。また煎った種子にはリノール酸が含まれているので動脈硬化の予防になる。

金沢市打木町
6月下旬〜8月上旬

きんしうり【金糸瓜】

●ほぐれた糸状の繊維はシャキシャキとした食感がある。名も外形も瓜を思わせるが実は南瓜の一種。19世紀末、中国から導入された「覚糸瓜（かくしうり）」がルーツで、輪切りにして茹でると果肉がほぐれて糸状になることから「金糸瓜」の名が付いた。他県では「そうめんうり」「なますうり」の名で栽培された。能登では夏になると一度は食べる繊維質で低カロリーな野菜である。

中能登町・七尾市
7月〜8月

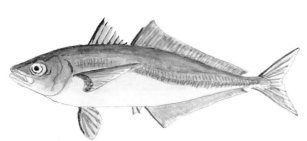

マアジ【真鯵】

●6～8月に定置網やまき網などで漁獲され、漁獲高は全国でも上位に位置。小振りの鯵を塩とごはんで漬込んで熟成させた熟れずしは県を代表する発酵食品の一つ。祭りの日には「鯵のすす」と呼ばれる。「鯵のたたき」は獲りたてを船の上で三枚におろして皮をむき、大葉・生姜・ねぎなど薬味と一緒にたたいた漁師料理。味噌を加えてたたいたのが「なめろう」。ご飯や酒の肴に良い。たんぱく質・脂肪・ビタミン・カルシウムなどの栄養素がバランスよく、うまみ成分のイノシン酸も多く、動脈硬化予防に期待できる。タウリンや血圧を下げるカリウムなども含まれている。

スルメイカ【鯣烏賊】

●集魚灯を使うスルメイカ漁は県を代表する漁業で、「漁り火」と呼ぶ夏の風物詩。刺身・煮物・焼き物など料理法も多様で、能登地方ではいしり料理として利用されている。いしりは魚醤の一つで、イカの内臓と塩を漬け込んで醗酵させた調味料。酒や水で薄めて出汁にしたり、料理の隠し味として使われている。造血に不可欠な銅が多く含まれ、美容と健康維持に最適。また、肉や肝臓には血中コレステロールを下げたり、血中の中性脂肪を下げるタウリンが多く含まれている。

食材

イワガキ【岩牡蠣】

●夏に旬を迎える岩がき。産卵期でも少しずつしか栄養を使わないため、身は太ったままで夏場でも美味しくいただける。一日中海水から植物プランクトンを吸収し続けるため、「天然のろ過装置」とも呼ばれる。主な水揚げ港は柴垣漁港、高浜漁港、輪島港、蛸島漁港。「柴垣天然岩がき」「黄金イワガキ」「珠姫」は岩ガキのブランド。石川県では『今昔物語』等に記載されるなど1000年以上も前から素潜り漁が行われていた。県産『岩がき』は海女が磯ノミという道具を使って一つ一つ丁寧に獲っている。海女の素潜り漁は伝統ある漁法で、2014年6月に県の無形民俗文化財に指定された。

ベニズワイガニ【紅楚蟹】

●旬は初夏、かにかご漁で漁獲され、金沢港や富来漁港・輪島港・小木港等で水揚げされる。栄養豊富な日本海固有水が存在する水深800m以深の海域で、シイラやサバなど餌になる魚を入れた専用のかごを沈めて漁獲する。身離れが良く、甘味とうまみがある。良い出汁が出るため、汁物や鍋などさまざまな料理に用いられる。持続的な漁獲と資源を保護するため、雌は全面的に、雄も甲幅9cm未満の個体は禁漁、またかご数の上限、漁獲量の上限も設けられている。

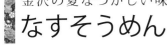

金沢の夏なつかしい味
なすそうめん

●材料
なす……4個
そうめん……2束
だし汁……1カップ強
┌ 薄口醤油…大さじ2強
A みりん…大さじ1弱
└ 酒…大さじ1

●作り方
1 なすはへたを取って皮目に切り込みを入れ、薄い塩水に浸けてあく抜きする。
2 そうめんはかために茹でて洗い、水切りしておく。
3 だし汁を熱してやや濃い目の味Aで調味し、なすを煮る。
4 やわらかくなったらだし汁を少しずつ加えて味を調え、そうめんを加える。
5 ひと煮立ちしたら火を止め、味をなじませる。

金沢市 ●ワンポイント そうめんを茹でずに直に加える場合は、そうめんから塩分が出るので、だし汁を加えて調味しましょう。

温かくても冷やしてもよし‥夏の逸品
なすのオランダ煮

●材料
なす……8個
赤唐辛子……少々
┌ だし汁…1$^1/_2$カップ
│ 薄口醤油…大さじ2$^1/_2$〜3
A 料理酒…大さじ1
│ 砂糖…大さじ$^2/_3$〜1
└ 塩…小さじ$^1/_3$

●作り方
1 なすはへたを取って尻から十文字に切り込みを入れ、水に浸けてあく抜きをする。
2 1を沸騰した湯に入れて茹でる。茹だったら茹で汁をこぼして水にとる。
3 Aの調味料を煮立てて2と小口切りの赤唐辛子を入れ、味を見ながらやわらかくなるまで煮含める。
　＊冷蔵庫で半日ほど寝かしてもおいしくいただける。

金沢市 ●ワンポイント 長崎県を経由して伝わった西洋の調理法が「オランダ煮」の名の由来だといわれています。

磯の香りとコリコリ食感
さざえめし

● 材料（2合分）
米……2合
サザエ……4個
しょうが(せん切り)……適量

A
みりん…大さじ3
酒…大さじ1
醤油…大さじ1
塩…小さじ1/3
水…1カップ

だし昆布……5cm

● 作り方
1 米はとぎ、分量の水に30分以上浸す。
2 サザエの身を取り出して食べやすい大きさに切り、しょうがとともにAでさっと煮る。
3 煮えたら具を取り出し、煮汁は冷ましておく。
4 1から煮汁分の水を取り、煮汁と昆布を入れて炊飯する。炊き上がったら具を加えて蒸らす。

 ワンポイント
「輪島海女採りさざえ」は、身が大ぶりで歯ごたえの良さが特徴です。ていねいに1個ずつとるため、身に傷もつきにくいです。
（輪島市）

夏のおかずの定番
なすの塩漬け

● 材料
なす……5〜6個
塩…大さじ2〜3杯(約50g)
みょうばん…3g
水…適宜

● 作り方
1 なすはヘタをつけたまま、強めの塩と少量のみょうばんを混ぜ、すり付ける。
2 1をよくかき混ぜて容器に入れる。
3 2にひたひたの水を加え、重石（2kg）をして一晩漬け込む。
4 漬け上がったら漬け汁から出して冷蔵庫に保存する。

 ワンポイント
みょうばんを塩水に入れて漬けるときれいな紫色に漬け上がります。配合塩は塩：みょうばん50:3の割合です。
（金沢市）

暑気払いや滋養強壮に
甘酒

● 材料
酒粕
砂糖
塩…ひとつまみ

● 作り方
1 酒粕で簡単に甘酒を作る。
2 砂糖で味つけし、塩で仕上げる。
（冷蔵庫に入れて冷やして飲んだり、冷凍庫でシャーベットにしてもよい）

 ワンポイント
夏の季語。「一夜酒」とも言います。「飲む点滴」と言われるほど多くの栄養成分を含んでいます。
（金沢市）

▮ もぎたて野菜の滋養を白いご飯で
夏野菜のだし

● **材料**
夏野菜（きゅうり・なす・ねぎ・しそ・青唐辛子・みょうがなど）
醤油……適宜

● **作り方**
1 もぎ立ての夏野菜をきれいに洗い、粗みじんに切って合わせる。
2 好みで醤油をかけていただく。

ワンポイント
金沢市　食欲の落ちる夏場にぴったりの新鮮野菜の食べ方です。
鰹節と醤油でもおいしくいただけます。

▮ 栄養たっぷりな白いんげん豆
たまご豆さやと昆布の煮物

● **材料**
たまご豆さや
だし
結び昆布
かつお節……適宜

● **作り方**
1 たまご豆のさやは筋を取り2つに切る。
2 だしに**1**・結び昆布を入れ、ことことゆっくり煮て冷ます。
3 かつお節は冷ます直前に入れる。
　＊ゆっくり冷ませば薄味でもおいしく味付けができる。

ワンポイント
金沢市　白いんげん豆は火を通すと卵のような味になることと見た目から「たまご豆」と呼ばれています。レクチンを多く含んでいるいんげん豆は十分加熱してからいただきましょう。

▮ しゃきしゃき、さわやかな食感
そうめんかぼちゃの辛子漬け

夏のレシピ

● **材料**
そうめんかぼちゃ（金糸瓜）
　　　　　　……中1個
┌ 砂糖（赤ざらめ）…150g
A 塩…50g
└ 和辛子粉…15g

● **作り方**
1 そうめんカボチャは外のかたい皮をつけたまま、5cmくらいの輪切りにする。
2 外側のかたい皮を包丁でこそげ取り、4等分する。
3 大きめのジッパーに**2**を全部入れる。
4 **3**の上からAを全部入れる。
5 1日で水が出てくる。
6 時々逆さまにしたりして水が全体にいきわたるようにして4〜5日おいたら食べごろ。

ワンポイント
金沢市　砂糖と塩の比率は砂糖3:塩1です。そうめんかぼちゃの皮はかたいので切る時は注意しましょう。

低カロリーと夏場の疲労回復に
そうめんかぼちゃの酢の物

◉材料
そうめんかぼちゃ……1個
┌ 酢…大さじ4
│ みりん…大さじ1
A 砂糖…大さじ1
└ 塩…少々

◉作り方
1 そうめんかぼちゃは4つ切りにして鍋で茹でる。
2 やわらかくなったらほぐしておく。
3 Aを合わせてそうめんかぼちゃと和える。
4 飾りにつるむらさきの花を添えて‥

◉ワンポイント
珠洲市 金糸瓜はズッキーニなどと同じ仲間。英語ではSpaghetti squash「スパゲティ瓜」と呼ばれます。

夏バテ防止に栄養補給
つるむらさきのおひたし

◉材料
つるむらさき
塩……少々
だし……適量
かつお節……適量

◉作り方
1 大きめの鍋に湯をわかして塩を入れ、沸騰したらつるむらさきを入れてかるく茹でる。軸から入れて、やわらかくなったら葉の部分も入れ、さっと茹でる。
2 冷水にとり、水きりして食べやすい長さに切る。
3 ボウルに2とだしを入れて和える。
4 皿に盛り、好みでかつお節をかける。

◉ワンポイント
金沢市 つるむらさきは赤紫と緑どちらも食べられますが、緑の方が美味しいです。ビタミンCとカルシウムが豊富です。

初夏の味を楽しむ保存食
みょうがと昆布の甘酢漬け

◉材料
みょうが……1kg
塩……適量
┌ 酢…40ml
A 赤ザラメ…200g
└ 塩…100g
昆布……5cm角3枚
鷹の爪……2本

◉作り方
1 みょうがは縦半分に切る。小さければそのままでも良い。
2 鍋に湯を沸かして30秒ほど1を茹でる。
3 ざるに上げて全体にうっすらと塩をふりかけて粗熱をとる。
4 3を軽く手でしぼって水気をだす。
5 甘酢Aの材料をかるく煮とかし、冷ます。
6 保存容器に4と5、昆布と鷹の爪を入れて冷蔵庫で保存する。

◉ワンポイント
金沢市 茗荷は大きく漬け込んだほうが色が抜けにくいです。

夏のレシピ

「亭主の一人や二人、養えない‥」
発酵熟成させた魚の旨味調味料
女性が育む暮らし文化が生きている

‥急行能登路1号は金沢駅０Ａ番ホームに待機していた。アイドリング状態のエンジン音が規則的なリズムでクリームとオレンジに塗り分けられた車体を震わせている。輪島へ行く車両は後部2両。（略）「買うてくだぁ、買うてくだぁ」。奈良時代に始まったという朝市は地元の人々の台所。本町通の道筋には四季折々の山海の幸が所狭しと並べられる。売るのも女、買うのも女。「亭主の一人や二人、養えないのは女の風上にも置けぬ甲斐性なし」というくらい輪島の女性は働き者らしい。リヤカーや大八車を引く男の姿は殆ど見えない‥36年前に『国鉄時刻表』で輪島を書いた記事である。2001年に輪島線は廃止、6年後の能登半島地震で町並みは整備されたが朝市の様子は今も

＊輪島朝市の様子は朝市直売所（144頁）に掲載してあります。

商売人開運の市姫社。縁起には輪島には朝市、夕市、お斉市の三市があり総称して輪島の市‥と記される

▲あえのこと。田の神様に一年の収穫の感謝を捧げる奥能登の農耕儀礼。御神酒‥白酒、御飯‥古代米・赤米とあずき粥、御汁‥けんちん汁、刺身‥鰤・紅葉おろし、焼物‥鰤の塩焼き・大根おろし、煮物‥煮〆・昆布巻き・鰤大根・かじめの味噌煮、酢の物‥鰤煮なます、香の物‥白菜と炒り豆の漬物‥が供えられる

▲時化の日の名舟漁港。御陣乗太鼓の発祥地である

変わらない。富水和美さんは団塊世代。まだ現役でリヤカーを引く。こんかさば（サバの糠漬け）やイワシやイカのいしる（魚醤）を作って売る。当たり前の食材だ。イワシやスルメイカにたっぷり塩をして漬け込み、長期間発酵熟成させた液体の調味料。魚由来のうま味成分であるアミノ酸が豊富に含まれる。醤油以前から使われた発酵食品。秋田のしょっつる、香川のいかなご醤油と並ぶ三大魚醤である。内浦の七尾市にいしり料理専門店がある。アワビやホタテの貝殻を鍋代わりにして野菜や魚介を煮る郷土料理「いしりの貝焼き」、茄子・大根や人参をいしりに漬けた「べん漬け」、七尾湾で獲れた牡蠣の天ぷらにもメギス魚醤が使われる。女性が育んだ文化が脈々と生きている。

▲禅の里・門前町。能登半島地震で被害を受けた町並みは往時の姿に復興
◀鎌倉時代、曹洞宗始祖道元禅師から4代目の瑩山禅師が総持寺を開いた。明治の火災で横浜に移転するまでの590年間、根本道場として発展

▲輪島の沖合25kmにある舳倉島は「海女の島」である

▲いしるの樽

▲氷雨の降る寒い日、富水さんは朝市が終わると、いしるを使ったダダメ鍋をご馳走してくれた

▲まいもん処いしり亭の森山典子さん
◀メギス魚醤で漬けたべん漬け

 手間暇かけてあばれ祭りの保存食
ひねずし

●材料

小アジ……2.5kg 　　山椒の葉……適量
塩……500g 　　　　赤唐辛子……3本
米……2.3kg 　　　　（桶または容器）
A ┌酢…1カップ 　　　（落し蓋）
　└酒…1カップ 　　　（重石）
竹の皮……適量

●作り方

1 小アジは内臓を取り出し、20%の塩で1週間ほど漬ける。
2 ご飯はかために炊き、人肌くらいまで冷ます。
3 1はAに漬け、水きりする。
4 桶の底に竹の皮を敷き、山椒の葉を一面にしく。
5 4の上に2を入れ、Aを手につけて押さえ、その上に3を並べ、唐辛子・山椒の葉を散らす。
6 5をくり返し、最後に竹の皮を広げてのせる。
7 落し蓋をして重石をのせ、桶全体をビニールなどで覆って冷暗所に置く。
8 2〜3カ月後から食べられる。

抗酸化力の強い夏の健康野菜
金時草のおひたし

●材料

金時草
にんにく
玉ねぎ
A ┌酢…適量
　│醬油…適量
　└サラダ油…適量

●作り方

1 金時草はかたい茎を取り除き、さっと茹でる。
2 Aの調味料はすべて同量を混ぜる。
3 にんにくと玉ねぎのすりおろしを2と混ぜてドレッシングをつくる。
4 3cmほどに刻んだ金時草にかける。

夏
の
レ
シ
ピ

 能登町　ワンポイント
アジは鮮度の良いものを選びましょう。竹の皮は防腐に役立ちます。重石をしっかりするのがポイントです。

 金沢市　ワンポイント
茹でてよくもむとぬめりが出ます。ドレッシングは食べる直前にかけましょう。

じゃがいもとかぼちゃの
いとこ煮

◯材料（4人分）
かぼちゃ……1/4個
じゃがいも……2〜3個
┌醬油…（大さじ1）
A みりん…（大さじ1）
└だし…（大さじ2）
醬油……適量

◯作り方
1 かぼちゃを3cm角くらいに切る。
2 鍋にAを加え、1を入れて煮る。
3 じゃがいもをかぼちゃと同じくらいの大きさに切って同量のAの汁で煮る。
4 煮汁が少なくなったところに2のかぼちゃを入れてしゃもじでかるく混ぜる。

ネバネバ野菜で夏バテ防止
茹でオクラ

◯材料
オクラ
塩
┌かつお節
A└だし

◯作り方
1 オクラは塩で板ずりをしてまわりの毛を取って色止めする。
2 湯を沸かし、塩少々を入れて1のオクラをさっと茹でる。
3 ざるに取り、広げて冷まし、2つか3つに切って器に盛る。
4 3にAをかける。

 ワンポイント

Aの調味料はすまし汁ほどの濃度にします。小豆と野菜を煮込んだ煮物の他、根菜同士などもいとことしている地域もあります。

金沢市

いしるを使った簡単浅漬け
べん漬け

◯材料
なす・きゅうり・みょうが……好みの野菜
いしる（いしり）……適量
水……いしるの2〜3倍

◯作り方
1 野菜を食べやすい大きさに切ってジップロックに入れる。
2 いしりを水で薄めた漬け液を加え、冷蔵庫に入れる。
3 一晩置けばでき上がり。
　＊急ぐ場合は袋ごとよく揉むと1〜2時間で漬かる。

 ワンポイント
金沢市
茹でる前に塩もみすることで色よくゆで上がります。

 ワンポイント
七尾市
大根をいしるで漬け込むべん漬けは奥能登の伝統の漬物。野菜をおいしく手軽に食べられます。

塩田は山にあり、里山の薪を調達
江戸伝統の塩づくりを次世代に
さいはての町で里海里山ぐらし

36ℓの海水の入った桶を二つ天秤棒で担いでくる

　半島先端部を周遊する奥能登絶景海道。外浦の清水町に揚浜式塩田がある。日本で唯一角花家が受け継ぐ製塩技術は平成20（2008）年、国の重要無形民俗文化財に指定された。400余年の伝統を継承する父と息子夫婦。夏の陽射しを浴びながら黙々と作業を続ける。粘土の上に砂を敷いた塩田に海水を撒き、太陽熱で水分を蒸発させる。塩が付いた砂を集めて濾過し塩分濃度の高い鹹水（かんすい）を作り、釜で煮詰めて結晶を取り出す。使う道具は昔のままだ。天気を読んで海水を撒く。潮汲み三年、潮撒き十年。仕上げは釜焚き。薪で調節しながら10時間煮詰める。塩田作業が終わると裏山の雑木林で薪を伐採する。豊饒の海と里山をつなぐ「塩木の道」。能登の伝統に生きる家族がいる。

塩田に「おちょけ」という砲弾型の桶で水を均等に撒く。砂に塩の結晶を付着させる

粘土を固めた塩田の上に「すきはつ」という道具で砂を敷く

砂の上に「こまざらい」で筋を付ける

5代目豊さんと6代目洋さんと裕子さん夫妻

能登半島先端の岬からは朝日夕日が眺望できる

　狼煙はさいはての町である。北前船の頃、岬で狼煙を上げていたのが町名の由来。狼煙と横山の集落に 80 余軒が暮らす。大坪敏一・久美子夫妻は狼煙で「小さな漁師の宿」を営む。米や野菜、山海の幸は全て自給自足、手作りの味を提供する。禄剛崎灯台から崖に続く自然歩道沿に海を眺める畑がある。笹竹の向こうは日本海の絶景。海から昇り海に沈む陽が見られる。日本人は車で素通り、外国人がよく歩く道だ。小林貴顕さんは野々市生まれの移住組。都会の仕事を辞め、何でもある最北端の地へ移住した。妻の由佳さんと自然農ガットポンポコ生活。ガットは蛙、ポンポコは狸、珠洲の方言。生き物たちと共存する農を目指す。平成21（2009）年、夫婦で歩いたサンティアゴ巡礼。850kmの体験がきっかけに。「答えを生きる」暮らしを続けている。

畑の道は禄剛崎灯台へ続く岬自然歩道

浜に漂着したタコブネ

伝統野菜の大浜大豆と珠洲のにがりを使った地豆腐

岬自然歩道にある自然農法の畑。支柱は竹など全て自然の物を利用している

香りがスパイシーとってもヘルシー
にんじんのスープカレー

●材料（4人分）
にんじん　　　　　　　　　豆腐ヨーグルト……大さじ4＊
玉ねぎ　　　　　　　　　　カレールー……適量
青大豆　　　　　　　　　　水……4カップ＊
（ゆで汁）　　　　　　　　醤油……適量
甘糀……大さじ1＊　　　　＊目安の分量

●作り方
1. にんじんはみじん切りにする。（フードプロセッサーでも可）
2. 玉ねぎを小さめに切る。
3. 青大豆を塩茹でし、茹で汁もとっておく。
4. 1・2・3を茹で汁と水で煮る。
5. 4に甘糀・豆腐ヨーグルトを加えて弱火で煮る。
6. 5にカレールーを入れ弱火で煮る。
7. 醤油で味を調える。

　🟢ワンポイント
金沢市　すり下ろしたにんじんの甘みがカレーの風味を引き立てます。ひよこ豆や鶏ひき肉でもおいしく作れます。

くらしの知恵‥地域の保存食
漬物尽くし

●材料
なす　　　　　　　　　【漬物の調味料】
（なす漬けの素）　　　┌ 砂糖……150g
にんじん　　　　　　A ├ 塩……50g
大根　　　　　　　　　└ 和粉からし……大さじ1
きゅうり
みょうが
ソーメンかぼちゃ

●作り方
1. なすは塩で板ずりしてなす漬けの素（市販）に漬けて1日おいておく。
2. にんじん・大根・きゅうり・みょうがは半割り程度、ソーメンかぼちゃは6等分してかたい外皮をとる。
3. 1・2の各野菜ごとにジップロックに入れる。
4. 漬物の調味料Aをそれぞれに入れ、かるくもむ。
5. 3〜5日ほどで食べられる。

　🟢ワンポイント
金沢市　漬物はさまざまな食材を塩・酢・味噌・酒粕などで漬け込み、風味を高めておいしくいただいたり保存性を高めたりするくらしの知恵です。発酵食は石川県の伝統です。

油と相性ぴったりカラフルな一品
なすとパプリカの揚げびたし

● 材料
なす
パプリカ
揚げ油
┌ だし
│ 昆布
A┤ かつお節
└ 醤油

● 作り方
1 Aを軽く沸騰させておく。
2 なす・パプリカを長めの乱切りにする。
3 2を油で素揚げにする。
4 3をキッチンペーパーで軽くおさえて油を取る。
5 4を皿に盛って1の汁を上からかける。

冷やしてもおいしい

金沢市

● ワンポイント
素揚げした野菜は温かいうちにだし汁をかけましょう。暑い日には冷たくしてもおいしくいただけます。

栄養満点‥手軽でヘルシー
高野豆腐の炒り煮

● 材料
高野豆腐
にんじん
┌ だし
│ 昆布
A┤ かつお節
│ あごだしパック
└ 醤油

● 作り方
1 ぬるま湯で戻した高野豆腐の水気を絞り、2cm角に切る。
2 にんじんをそぎ切りにする。
3 鍋にAの汁を作り、1・2を煮る。
4 煮汁が少し残る程度で火を止める。焦がさないよう注意して炒める。

金沢市

● ワンポイント
高タンパク低脂肪の高野豆腐を使ったおかずです。冷えてもおいしくいただけます。

トビウオの旨味で料理をおいしく
あごだし

● 材料
トビウオ

● 作り方
1 うろこ・頭・内臓をとったトビウオを素焼きにする。
2 焼いた魚の中骨を取り、天日干しにする。
3 粉末にして使う。

あごだし粉末

珠洲市

● ワンポイント
あごだしは雑味がなく上品でこくのあるのが特徴です。能登ではトビウオの獲れる時期に、それぞれの家庭で1年分作って保存します。

夏のレシピ

旬の季節に作りたい
新生姜の
炊き込みご飯

● 材料
米……4合
新しょうが……1（にぎりこぶし大）
昆布……5cm角2枚
かつお節……適宜
あごだしパック……2
醤油……少々
塩……少々

● 作り方
1 米は洗って普通の水加減にする。
2 新しょうがは皮つきのまま、せん切りにする。
3 1の炊飯器に2・昆布・かつお節・だしパック・醤油を加える。
4 炊飯する直前に水の味加減をみて塩で調節する。

夏
の
レ
シ
ピ

ワンポイント 新生姜のさわやかな風味が食欲をかき立ててくれます。

すがすがしい初夏の香り
みょうが軸の
笹寿司

● 材料
米……3合
┌米酢…大さじ5
A 砂糖…大さじ2
└塩…小さじ1 1/3
みょうがの軸（茎）……2本
笹の葉……1個2枚

● 作り方
1 米は洗って分量の水で炊く。
2 1にAを混ぜ、すし飯を作る。
3 みょうがの軸は斜めに薄く刻む。
4 2の粗熱がとれたら十字においた笹の中心に小さく丸めたすし飯をおき、その上に3をのせ、笹で包んで輪ゴムで止める。
5 四角い容器に入れて1時間程度重石をする。

ワンポイント
みょうがの軸（茗荷たけ）はしゃきしゃきした食感を楽しめます。生のままでも風味がやさしいので水に晒す必要はありません。冷奴などの薬味にも使えます。

味が染み込んだ
牛すじの煮込み

● 材料
牛すじ肉……500g
醤油……200ml
酒…50ml
刻みねぎ

● 作り方
1 牛すじ肉は脂っこいので2、3回ゆでて汁を捨て、食べやすい大きさに切る。
2 鍋に醤油・酒を入れ、1がやわらかくなるまで煮る。
3 刻みねぎをのせる。

ワンポイント 脂を切ってあるので気にならず、ご飯がすすみます。

缶詰を使って時短おかず
サバ缶と大根葉・里芋の煮物

● 材料（4人分）
サバ缶（水煮）……1個
大根葉……1本分
里芋……2個
A ┌ 醤油…大さじ1
  │ みりん…大さじ1
  └ 酒…大さじ1 1/2

● 作り方
1 大根葉は茹でて適当な長さに切る。
2 里芋は細切りにする。
3 鍋にサバと汁・2を加えて煮る。
4 煮えたらAを加え、1を入れて煮る。

🍳ワンポイント
サバの水煮缶を丸ごと使うので旨味がたっぷり染み込んだ煮物が簡単にできます。

衣にいしりを入れて
能登牡蠣の天ぷら

● 材料
生カキ（むき身）……12個
片栗粉……適量
A ┌ 卵…1個
  │ 小麦粉…1カップ
  │ いしり…小さじ2
  │ 水…180ml
  └ 炭酸…少々
揚げ油

● 作り方
1 生ガキはよく洗った後、ペーパータオルで水気を拭きとる。
2 1に片栗粉をまぶす。
3 Aを合わせておき、2を通して160〜170℃の油に入れ、さっくり揚げる。

🍳ワンポイント
プリプリの牡蠣をさくさくの天ぷらにして・・。塩でも美味しくいただけます。

大根の葉と茎を混ぜた
菜飯

● 材料（2合分）
米……2合
昆布…5cm角1枚
大根葉……1本分
塩…少々

● 作り方
1 米は昆布と一緒に炊く。
2 大根葉はさっと熱湯をかけ、冷水にとる。しっかり水気を絞り、細かく刻む。
3 2をボウルに入れ、塩もみする。
4 3を1に混ぜ合わせる。

大根葉の浅漬け

🍳ワンポイント
炒った白ごまを混ぜると香ばしくなります。好みで醤油をかけます。

冬のレシピ

小太り・こくと甘み・粘りがもっちり
夕日寺地区の特産物として継承。
育てた野菜を材料に天空の畑BBQ

EM菌（有用微生物群）で土壌を改善する研究農場

伝統野菜の復活を目指す動きが盛んである。加賀一向一揆で真宗派門徒が集結した北の砦が金沢市伝燈寺町。この地名を冠した里芋がある。京から訪れた僧侶が村人に自家用食糧として栽培を勧めたのが始まり。300年ほど前のことだ。種を採って栽培を繰り返して土地に合った野菜になった。小太り・こくと甘み・粘りがあってもっちりが伝燈寺里芋の特徴と話す千田正智さん。固定種は生命力が強いが育てるのが難しい。EM菌を使って土壌を改善、連作の可能性を研究する。生産農家が減少したが夕日寺地区の特産物として地域がバックアップ。生産者と地域住民、大学も連携して伝燈寺里芋の存続に取り組んでいる。夕日寺小学校の子供たちも栽培体験している。

伝燈寺から釣部の集落へ。釣部白山

栽培している畑には夕日寺地区の特産物としての取り組みを紹介するパネルが立つ

加賀野菜の打木赤皮甘栗かぼちゃを栽培している竹光和普・文枝さん夫妻。「ホクホク感が少ない。水分が多くしっとりした味わいです」

研究用の株を掘り出す千田さん

釣部町は「景清谷」と呼ばれ、全戸平家の落人集落

神社の由緒には「景清谷と称せられ‥町民は全戸平家の落人」と記される。平家の侍大将藤原景清所縁の地らしい。神社から続く山上にぽっかりと森がひらけた場所がある。まさに天空の畑。GoogleMap で見ると釣部町湧水公園の東、森に囲まれた畑地が見つかる。坂本登美枝さんは金沢市鳴和町から通ってくる。森を開いて造った南北に長い平坦地。菊芋・里芋・金時草・柚子‥思い思いの野菜を作る。天空の畑の住人は皆高齢者!? 畑の BBQ に千田夫妻と参加した。金時草のおひたし、煮っころがし、めった汁‥天空の味を堪能した。千田さんは 140 年続く果樹農家の 4 代目。鞍月の梨園で収穫した梨を直売所に持ち込む。「完熟を食べてもらうための直売所は兄の考え」と話す。取り仕切るのは姪の千田一枝さん。

天空の畑のランチタイム。育てた野菜をみんなで食べるのが楽しみと坂本さん（中央）。上はキクイモの花畑

最高齢は90歳。電動カートで畑に通っているという

畑でかじる完熟の味と梨飴（右）

加賀野菜の金時草も栽培されている

完熟の味を届ける直売所。右端が千田一枝さん

海老フライタルタルソース添え

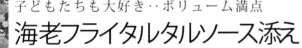
子どもたちも大好き‥ボリューム満点

●材料(2人分)
エビ‥‥‥大4尾
溶き卵‥‥‥1個
キャベツ(せん切り)‥‥‥適宜
トマト(くし切り)‥‥‥適宜
ブロッコリー(茹で)‥‥‥適宜
レモン(くし切り)‥‥‥適宜
塩こしょう・小麦粉・パン粉・揚げ油

＜タルタルソース＞
ゆで卵‥‥‥2個
玉ねぎ‥‥‥50g
ピクルス‥‥‥小1本
┌マヨネーズ‥大さじ1
Aウスターソース‥小さじ1
└塩・こしょう‥少々

●作り方
1 エビは背わたを除いて、腹側の数カ所に浅い切り目を入れて、塩、こしょう各少々をふる。
2 小麦粉をまぶしてから溶き卵にくぐらせ、パン粉を全体にたっぷりつける。
3 揚げ油を170度に熱し、2のエビをこんがり揚げる。
4 皿に3をキャベツと盛り合わせ、タルタルソースを添える。
5 トマト・ブロッコリー・レモンを添える。
　＜タルタルソース＞
1 ゆで卵・玉ねぎ・ピクルスは粗いみじん切りにしてボウルに入れる。
2 Aの調味料を加えて混ぜる。

甘糀のチーズケーキ

身体にやさしいデザート

●材料(2人分)
クリームチーズ‥‥‥100g
小麦粉‥‥‥20g
卵‥‥‥1個
甘糀‥‥‥100g
カップ(70cc)‥‥‥適量

●作り方
1 カップにバターをうすく塗り、小麦粉(分量外)をふっておく。
2 ボウルにクリームチーズを入れ、ゴムベラでクリーム状になるまで練る。
3 2に溶き卵・甘糀を加え、なめらかになるまで混ぜ合わせる。
4 小麦粉をふるい入れ、さらに混ぜる。
5 1に4を流し入れる。
6 5をオーブンに入れ160℃で30〜40分焼く。
7 カップのまま冷まし、粗熱がとれたら冷蔵庫で冷やす。

夏のレシピ

志賀町

●ワンポイント
エビは高たんぱくでヘルシーな食材です。生活習慣病を予防するビタミンEやカルシウムを含んでいます。

志賀町

●ワンポイント
クリームチーズは室温でやわらかくしておきましょう。子どもたちと一緒に楽しく料理できます。

喉にやさしい素朴な甘み
なし飴

●材料
なし……適量

●作り方
1. なしは皮をむき、芯を取り除いて適当な大きさに切り、フードプロセッサーにかける。
2. 絞った汁をこし布などでこす。
3. 2の果汁を鍋に入れ、あくを取りながら弱火で煮詰める。
4. とろみが出て泡立ってきたら火から下ろす。
5. 煮沸消毒した瓶に詰めて保存する。

ワンポイント
金沢市
梨だけの甘さでも、お好みで糖分を加えても。蓋を開けたら冷蔵庫で保存しましょう。

さわやかな果実の甘さ
なしジャム

●材料
なし……1個
グラニュー糖(好みの甘味料)……100g
レモン汁……適宜

●作り方
1. なしは皮をむいて芯を取り、小さめに切る。
2. 鍋に1と甘味料・レモン汁を入れて全体がなじむまで煮る。
3. あくを取りながら焦がさないように中火で30分ほど煮詰める。
4. 水分が減ってとろみが出てきたら火から下ろす。
5. 煮沸消毒した瓶に詰めて保存する。

ワンポイント
金沢市
煮るとき小さめに切ると食感が残ります。すりおろせば滑らかなジャムになります。

採りたて野菜をごまだれで
きゅうり
ジャブジャブ

●材料
きゅうり……適量
昆布
A ┌ すりごま……小さじ2
  │ 甘酢……大さじ1
  │ 甘糀……大さじ1
  └ 醤油……小さじ2

●作り方
1. きゅうりをピーラーで皮をむくように長くむく。真ん中のやわらかいところは細かく刻む。
2. 鍋に昆布を入れたお湯を沸騰させ、1をかるく湯通しする。
3. Aを混ぜてごまドレッシングを作り、つけていただく。

ワンポイント
金沢市
ごまドレッシングはどんな食材にも合います。わが家の味を作りましょう。

夏のレシピ

063

よばれは能登もてなし文化
親戚やお世話になった人たちと
酒酌み交わして絆確かめ、親睦深める

祭りの宵、玄関の引き戸は開け放したままだった

重政家では毎年50人ほどの客を招くという

芋蛸は祭りの定番料理

松茸の土瓶蒸し

祭りの日に中継されたラグビーW杯スコットランド戦。主人も客もテレビに釘付け。勝利に乾杯!!

よばれは能登のもてなし文化。キリコ祭りの宵、親戚やお世話になっている人たちを自宅に招き、朱塗りの御膳に地域で採れた旬の食材を使ったごっつぉを御膳に乗り切らないほど振る舞う。馬緤町の重政靖之さん宅で評判の高い料理が「芋蛸」だ。開け放した玄関を入る。座敷に通される。襖に沿って御膳がぐるりと並ぶ。一人一膳、能登の海山の幸がふんだんに盛られている。馬緤の特産は「まったけ」とか。松茸の土瓶蒸し、すき焼きには能登牛との味の共演。芋蛸は祭りに欠かせない能登料理だ。家の主は招待客一人ひとりと盃を酌み交わす。祭りは親睦を深める日だ。誰でも入れるように玄関は開け放しておく。能登の「よばれ」は土佐の「おきゃく」のようである。

祭りの日には三姉妹が勢揃い。中央がまり子さん

　ごっつぉを作る女性たちは忙しい。高屋町の角口まり子さん宅は料理の準備にてんてこ舞い。数日前から準備にかかり、当日は朝早くから調理を始める。妹たちも集まって夕方までに支度する。茶碗蒸し・芋蛸・昆布巻き・金時煮豆・カサゴとハチメのおざし・そうめんカボチャの酢の物・サバ缶と大根葉の煮物・栗赤飯・タイのおざし・たこ飯・たくあんの煮物・赤芋茎の酢の物・おひら・わらびの煮物・カマスの膾・干し柿・岩のり・豆腐と岩のりの味噌汁・カジメの味噌汁・刺し身‥「家でつくるさかい、女たちは総出や」。家々で地域の集落でよばれのごっつぉが受け継がれる。この日は誰でも無礼講が許される。「みんな、いっけやさかい」と角口さん。集落は大家族である。

「みんないっけやさかい」祭りの夜は無礼講。一杯飲んで腹ごしらえ、勢いつけて夜の神社にまた向かう

◀岸壁でタコを入れた網を上げる▲高屋の漁港に置かれた祭りの切子

献立は毎年同じだが品数が多いので手間がかかる

蛸島町

馬緤町

能登キリコ祭りの風物詩
芋蛸
いもだこ

●材料
タコ……小1杯
さといも……10個
昆布
醤油……適量
酒……適量

●作り方
1 タコはたっぷりの塩でもんでぬめりを取り、流水で洗い流してぶつ切り、一晩冷凍する。
2 さといもは皮をむき、一口大に切る。
3 鍋に水と昆布を入れてだしをとり、醤油・酒で味つけする。
4 3に2を入れ、火が通ったら1を加えて弱火でゆっくり煮る。

珠洲市 ワンポイント
じゃがいもで作ることもあります。キリコ祭にはどの家庭でも手作りの芋蛸が「ごっつぉ」です。

高屋町

簡単にできて旨味たっぷり
たこ飯

●材料
米……3合
タコ……適量
だしつゆ……適量
昆布
┌ 醤油…大さじ1
A 酒…大さじ1
└ 塩…少々
水……適量

●作り方
1 米を洗ってAの調味料分を引いた水加減にしておく。
2 タコは塩でよくぬめりをとり、一口サイズに切る。
3 炊飯器にA・タコ・だしつゆ・昆布を入れて炊く。
4 じゅうぶん蒸らしたら盛りつける。

珠洲市 ワンポイント
タコは塩でしっかりぬめりを取るとおいしいたこ飯になります。

噛めば噛むほど味が出る
酢だこ

●材料
茹でダコ……200g
＜三杯酢＞
┌ 酢…大さじ2
A みりん…大さじ2
└ 醤油…大さじ2
きゅうり・わかめ…各適宜

●作り方
1 茹でダコを薄切りにする。
2 ボウルにA(三杯酢)を入れ、よく混ぜ合わせる。
3 2に1を入れ、冷蔵庫で冷やす。
4 3を器に盛り、きゅうり・わかめなどと盛りつける。

珠洲市 ワンポイント
一年中食べる定番料理です。三杯酢は酢・醤油・みりん(砂糖)を同量ずつ混ぜ合わせた調味料です。だし汁を加えると酸味がまろやかになります。

0
6
6

酸味が効いた独特の風味
らっきょうの甘酢漬け

● 材料
らっきょう……500g
赤唐辛子……2本
A ┌ 米酢…175ml
　├ 砂糖…100g
　├ 塩…30g
　└ みりん…30ml

● 作り方
らっきょうを流水でよく洗い、根元と芽側を切り落とす。流水で洗いながら薄皮を取り、ざるに上げてキッチンペーパーで水気をよく拭き取る。
Aを合わせ、よくかき混ぜる。
熱湯で消毒した容器に1と2を入れ、3日ほど置く。

金沢市 　ワンポイント
3日から1週間が食べころです。密閉性の高い容器にすると長期間保存できます。昔はらっきょう2升・塩3合・酢6合の割合でつけたそうです。

滋養あふれる秋山の味
柴栗ご飯

● 材料
米……2.5合
もち米……0.5合
柴栗……適量
A ┌ 塩……小さじ1¹/₂
　└ 酒……大さじ2
昆布……1枚(5cm角)

● 作り方
米・もち米は炊く1時間くらい前にとぎ、ざるにあげておく。
柴栗は鬼皮と渋皮をむき、水にさらす。
炊飯器に1・2にA・昆布を入れ、普通の水加減で炊く。

珠洲市 　ワンポイント
柴栗は縄文の頃から食用にされていた山に自生する栗で山栗とも呼ばれています。里山の雑木林に見られます。果実は小さいですが栗本来の味が楽しめます。

秋の味覚を丸ごと
栗ご飯

● 材料
米……2合
栗(大きめ)……10個
塩……小さじ2
酒……大さじ1

● 作り方
栗は皮をむく。くりの尻を包丁で切り落とし、鬼皮を手でむいてから包丁で渋皮をむく。
米をとぎ、1・調味料を入れて普通に炊く。

小松市 　ワンポイント
鬼皮をむいて渋皮をむいて‥手間がかかった分だけおいしくいただけます。栗は丸のまま炊き込むと、ほくほく豪華な仕上がりになります。

の
レ
シ
ピ

里　山　夏　暦

暦の上では、立夏（5月6日頃）から立秋（8月8日頃）前日までの季節が夏。
陰暦の四月五月六月にあたります。田植えからお盆までの季節は稲の成長期
であり、果樹が花から実をつける大切な時期です。

渓流沿いにかたは（蟒蛇草＝赤みず）が密生するといよいよ夏。どんぐり林の湧水池をじゅん菜の丸葉が埋め尽くす。県『レッドデータブック2020』準絶滅危惧の水草だ。まっきゃまの水環境が優れていることの証しである。涼しげな千代女の一句

　　結ぶ手にあつさをほどく清水哉

日当たりがよい東南斜面の棚田、しまった土壌、医王山からの湧水、昼夜の寒暖差‥農に適した天与の環境。

自然栽培の稲や固定種の野菜を無農薬無化学肥料でゆっくり育てる。自家製の燻炭や発酵した植物由来の堆肥を使い、微生物がたくさんいる元気な土壌づくりが最初の取り組み。「丈夫な苗を育て、土中の微生物の力を借りて稲が持っている力を引き出します」今、育てているのはコシヒカリとイセヒカリ。「小粒で甘みがあって粘っこいのがまっきゃま米の特長です」

　コロナ禍緊急事態宣言中の作業。

5月1日‥今年は水田の一部に種籾を撒いて育てる「水苗代」を予定。伝統的な苗づくりで北陸で行うのは50年ぶり。去年収穫した種籾を湧水に浸け、発芽した苗を水田に撒く。

3日‥畦の草刈り。

4日‥好熱炭素菌の堆肥を田に撒く。

12日‥イセヒカリの田植え。伊勢のお宮さんでいただいた種から作る。「台風にも耐えた根性のあるお米で、まっきゃまの粘土質の土壌で育つともっちりとなります」

13日‥明日は箱苗代。3週間ほど湧水に浸した種籾を箱に入れる。

22日‥機械植えの田んぼに1回目の液肥を散布。若葉2号は光合成微生物

▲湧水池に種籾を浸す
◀水苗代のイセヒカリの根
▶米糠の肥料

▼握り飯の脇がこなぎ

水苗代の苗の脇に出る雑草こなぎを摘まみ取る

▲液肥の散布

朝霞。昼夜の寒暖差が美味しい米作りに欠かせない

とトウモロコシの澱粉を発酵菌に植え付けて発酵させた濃縮液。収穫までに数回行うことで田んぼの土壌や雨水に含まれる不純物を除去、土壌のphを調節してもらう。「人間の腸内環境を整えるのと同じイメージですね」

31日‥自然農法の田植えは遅い。半年寝ていた田の粗起こし。よい土壌作りのために米糠に若葉2号を薄めたものを混ぜ、1か月程温室で発酵させたものを撒く。「収穫量が少ないイセヒカリは微生物が多い土作りをより丁寧に行います。自然栽培した自家製の米糠は香りも糠床そのもの。美味しそうな食欲そそる肥料なんです」

6月15～20日‥自然栽培米の手植え。「中指でぎゅっと挟んで入れると、苗がするっと抜けていきます」気持ちを苗に伝えて大地に植え付ける。

どんぐり農園では在来の固定種の野菜を無農薬・無化学肥料で育てている。とんがり山裾の滋味豊かな土壌に超好熱炭素菌という微生物の力を借りて土の管理をする。

「ふつうに購入する種のほとんどはF1です。90％は海外から輸入される一代交配種なので毎年購入しなければなりません。でも固定種は自家採種すれば翌年も同じ野菜を育てることができます」トマト・きゅうり・なす・アスパラ・すいか・メロン・つるむらさき・さといも・さつまいも‥。

「生育が旺盛で高品質の野菜を作るためにはしっかり種を管理する必要があります。違う花粉が混ざったり自家受粉したりしても困るからです。固定種は未来に繋いでいく循環の生命なのです」

とんがり山中の湧水池にはじゅん菜が‥

夏の行事と農耕儀礼

15日●天狗祭り(白山麓)
　天狗に一年の仕事の無事を祈る。ぼた餅やスルメを地蔵に供え、山菜やこけの煮しめを持ち寄り酒を酌み交わす

19日●御田植祭(白山比咩神社)

26日●御田植神事(白山市若宮八幡宮)

6月 水無月‥みなつき
　●農休み
　餅を食べて体を休める

4・5日●菖蒲湯
　菖蒲や蓬を頭に巻き、菖蒲湯につかって邪気を払う。菖蒲の茎で酒を吸って飲む。稗・粟・大豆・小豆の種まきが終わったお祝いに粟に米粉と蓬を入れた「あわのもち」を配る

15日●はじかみ祭り(金沢市・波自加彌神社)
　日本で唯一の香辛料を祀る神社で、全国から生姜・山葵などを扱う人々が製品を奉納して商売繁盛を祈願する

7月 文月‥ふみつき

1日●氷室開き(金沢市)
　加賀藩が徳川家に雪氷を献上した伝統行事。氷室饅頭を食べ、一年の健康を祈る

1日●煎り菓子盆、歯固め
　豆・ハゼ(餅を小さく切って干したもの)を炒って食べる。娘の嫁ぎ先へも届ける。歯を固めて夏に向けて体を強くする

1日●海女漁解禁(輪島市)
　アワビ・サザエ(～9月30日)

2日●半夏生(白峰村)
　農作業の折り目にあたり、この日にサバを食べると汗が目に入らないといわれる
　●除蝗祭 虫送り祭(白山比咩神社)
　●虫送り
　夜、松明(たいまつ)を焚き、鐘や太鼓を鳴らしてはやし立てながらあぜ道を巡り、稲につく害虫を追い払う

6日●開花祭(白山比咩神社)
　●土用
　土用には塩味で煮たささげ豆を餅の表面にまぶした「ささげもち」を、丑の日にはウナギやドジョウの蒲焼を食べる

8月 葉月‥はつき

7日●七日盆
　盆の用意を始める。精霊の乗る馬をこしらえるなど

秋をいただく

黄金の稲穂が頭を垂れる
早生のゆめみづほ、中生のコシヒカリ
晩生は石川生まれのひゃくまん穀。
青空の下を走り回るコンバイン
あとを追ってコサギが落穂をついばむ
加賀の穀倉地帯は手取川の贈り物
森に濾過された生命の水は白山の恵み。
源助だいこんや金沢一本太ねぎの加賀野菜
沢野ごぼうの能登野菜、ころ柿づくりも最盛期だ。
漁港はカニ漁解禁の準備に慌ただしい。

『やっと稲刈りだ』
金森由依 小学 6 年
（水土里ネット「ふるさとの田んぼと水」子ども絵画展 2019 年入選）

さつまいも【薩摩芋】

●金沢弁だと「甘くてこぼこぼ」のさつま芋である。内灘の砂丘地で栽培され、色の美しさ、形の良さ、甘味の強さ、どれをとっても最高級品。中心産地である五郎島（ごろうじま）の名を冠した「五郎島金時」として全国的にも知られている。周辺に出荷されているが、貯蔵後に出荷される冬ものが熟度が増して最も美味しいと言われている。主成分はでん粉だが、ビタミンＣ・食物繊維・カリウムが多いアルカリ性健康食品として見直されている。満腹感を与えながらカロリー摂取量が少ない、食べても太らない野菜。

金沢市五郎島・粟崎・大野・大徳地区
2月〜3月（周年）

さわのごぼう【沢野牛蒡】

●「婆谷（ばたん）神社の神主が京よりごぼうの種子を取り寄せ、これを村民に培養せしめたるを以て始めんとし、品質甚だ良し」と『鹿島郡誌』に記されている。粘土質の土壌で丁寧に手間暇かけて育てられ、長さ1m、直径3cmにもなる。やわらかくさくさくの食感、味も香りもいい。低カロリーで、食物繊維やポリフェノール、ミネラル分が豊富で腸の働きを良くし、美肌効果・老化防止などに有効な食物である。

七尾市沢野町・殿町・岡町
10月〜12月

げんすけだいこん【源助大根】

●早生種で肉質がやわらかく、だいこんらしい歯ざわりで煮くずれしにくく、煮物用だいこんの代表品種で、おでんには最高である。根にはビタミンＣや鉄分が多く、リグニンという食物繊維が豊富。また、アミラーゼやジアスターゼという酵素も含まれている。葉にはカロテンが多く、ビタミンＣ・食物繊維・カルシウムも多く含まれる。

金沢市打木・安原地区
10月中旬〜12月中旬

かなざわいっぽんふとねぎ【金沢一本太葱】

●分けつせず、軟白部は太くて長く、肉質の柔らかい品種である。標準の大きさは、総重1kg弱、草丈110cm前後、軟白部の長さは25cm、茎の太さ2cm程度。特に、すき焼きや鍋物に、甘く柔らかく、ぬめりがある金沢ねぎの味として広く親しまれてきた。ビタミン類が多く、特に葉先はカロテン、ビタミンＣ、ビタミンＡが豊富。独特の香りは硫化アリルによるもので、体内でビタミンＢの再生を促し、消化液の分泌を良くし、食欲増進に役立っている。強壮剤としても知られ、漢方としても発汗作用などの効果がある。

金沢市金城・冨樫地区
7月〜2月

秋の

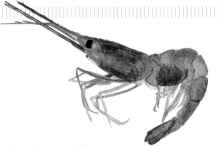

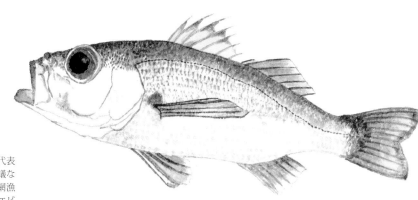

あまえび
＝ホッコクアカエビ【北国赤蝦】
●能登半島沖合いの水深200m～700mの海底に生息する石川県を代表する魚介類。寿命が11年以上で5歳前後から雌に変わるという不思議な生態を持つ。四季を通して底びき網獲や生きたまま水揚げするカゴ網漁で、毎年1月6日に解禁、5月末頃まで行われる。焼く・蒸す・揚げるなどエビは多様な調理を楽しめる食材だが、アマエビだけは生食が一番、特に冬は青い卵を抱え一段と味わい深くなる。高たんぱく、低カロリーのエビは栄養も豊富。独特の甘み成分には血中コレステロールや血圧の上昇を抑え、心臓や肝臓の機能を強化するタウリンも豊富。殻に含まれるキチン質には免疫力を高める働きがあると言われる。

のどぐろ＝アカムツ【赤鯥】
●口の中が黒いことから「ノドグロ」と呼ばれる。対馬海流（暖流）とリマン海流（寒流）が交わる海域で漁獲、橋立漁港・金沢港・富来漁港・輪島港・蛸島漁港などで水揚げされる。脂ののりが良い秋口が旬で、鯛や鰤を凌ぐ高級魚でもある。脂質に富んだ甲殻類やプランクトンを栄養源としているため、白身の魚でありながら体脂肪は20％以上といわれ、脂の乗りは鮪のトロに匹敵するほど。とろける脂が絶品。

食材

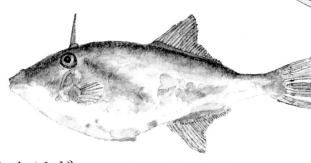

マサバ【真鯖】
●まき網や定置網漁獲で、産卵期の5～6月、脂がのる「秋サバ」と呼ばれる9～10月が最盛期。塩や糠を使って漬け込んだ「糠サバ」、酢を使う「しめ鯖」などはアレルギーなどの原因となるヒスタミンの生成を抑えるので有効な調理法。良質な脂質が豊富に含まれる。脂質には学習能力や記憶力を高めるといわれるＤＨＡ、血液をサラサラにする作用があるＥＰＡなどが多く含まれている。口内炎や皮膚の健康に有効なビタミンＢ₂、骨や歯などの発育に効果的なビタミンＤなども豊富。育ち盛りの子どもたちに最適な魚である。

かわはぎ＝ウマヅラハギ【馬面剥】
●定置網、刺網、底びき網などで漁獲される。生命力の強い魚。クラゲを食べる。硬く丈夫な皮は簡単に剥がすことができる。肉は歯ごたえのある白身で、煮付けや干物、フライなどにする。秋から冬にかけて脂がのって膨らんだ肝は絶品。鍋や煮物に入れると、出汁のコクや風味が増し、味を引き立てる。また、鮮度が良いと刺身を肝和えにして食べる。白身には脂質が0.3ほどしか含まれておらず、コレステロールも身100ｇ中47mgと少ないのが特徴。また、良質なタンパク質を多く含み、エネルギー代謝に関する生体機能に必須な元素マグネシウムも豊富である。

 秋の素朴なおやつ

栗きんとん

●材料

栗……1kg

A ┌ 水…50cc
　│ 砂糖(赤ざらめ)…大さじ1
　└ 甘糀…50cc

塩……少々

●作り方

1 栗は皮付きのまま洗って蒸す。1分したら火を止めて10分蒸らし、再度中火で50分蒸す。

2 1を2つに割り切りし、小さめのスプーンで中身を取り出す。

3 Aの材料を火にかけてシロップを作る。

4 2の栗の中へ3を少しずつ入れて丸められるくらいのかたさにする。

5 4をラップにとって茶巾絞りにする。

 金沢市 ●ワンポイント
塩をほんの少し加えると味に深みが増します。栗はチルド室(0度)で寝かせておくとアミラーゼが増えます。

 青大豆と野菜ヘルシーな

豆野菜カレー

●材料

青大豆…適量	豆腐ヨーグルト…1カップ
(水・塩)(茹で汁)	A 甘糀…1カップ
にんじん	水+茹で汁…2ℓ
さつまいも	カレールウ……2箱
玉ねぎ	醤油……適量

●作り方

1 青大豆は一晩水に浸しておく。翌日、たっぷりの水でゆっくり茹でる。やわらかくなってきたら塩を入れてさらに茹でる。蓋をしたままゆっくり冷ます。茹で汁はとっておく。

2 にんじん・さつまいも・玉ねぎは乱切りにする。

3 大鍋に1・2と水・茹で汁を入れて煮る。

4 3が煮えたらAを入れる。

5 カレールウをゆっくり溶かしながら弱火で煮ていく。

6 醤油で味を調える。

金沢市 ●ワンポイント
青大豆は少しかために茹でると枝豆感覚でいただけます。豆は容器に入れて冷蔵庫で保存できます。

渋皮ぱりぱり中身はほくほく
栗の渋皮揚げ

●材料
栗
揚げ油……適量
米粉……適量
塩……少々

●作り方
1 くりの鬼皮をむく。中の渋皮はそのままにする。
2 1に米粉をまぶし、油で揚げる。
3 塩を少々かける。

 金沢市　🍄ワンポイント
揚げるので渋皮まで食べられます。渋皮の色合いを楽しめます。

 秋の味覚を楽しむ一品
むかごのごま味噌和え

●材料
むかご(大きめのもの)
A「黒すりごま
 └みりん
B「白味噌
 └味噌(普通)

●作り方
1 むかごを蒸す。
2 Aの黒すりごまとみりんは1:1、Bは白味噌1・普通味噌少々の分量。
3 みりんを熱しアルコールを飛ばす。味噌と黒のすりごまを入れて弱火でゆっくりと練る。
4 むかごが熱いうちに3をかけて軽く混ぜる。

ごま和え(小松市)

金沢市　🍄ワンポイント
むかごが熱いうちにごま味噌を混ぜると分離しにくいです。味噌を入れないごま和えもお楽しみください。

おやつにも‥おつまみにも‥ぴったり
むかごと新玉ねぎの素揚げ

●材料
新玉ねぎ
むかご(小さめ)
A「玄米粉
 ├甘糀
 └塩
油

●作り方
1 新玉ねぎを輪切りにする。むかごは玄米粉をまぶしておく。
2 Aの衣に1を入れて混ぜる。
3 油を熱して2をおたまに入れて流し込む。

金沢市　🍄ワンポイント
むかごは皮も香ばしく揚がるので取る必要はありません。新玉ねぎの丸ごと揚げは甘くてとろとろ、やみつきになるおつまみです。

秋のレシピ

お好みのきのこで
こけ佃煮風

● 材料

なめこ・しいたけ
ごま
鷹の爪
A ┌ 酒…1
  │ みりん…1
  │ 醤油…1
  └ 水…3

● 作り方

1 なめこは大きかったら2つに裂く。
2 しいたけは傘の部分を1cmくらいに切る。
3 鍋にAを入れて煮立て、アルコールを飛ばす。
4 3に1・2を入れ、水分が半分くらいになるまで煮詰める。
5 ごま、鷹の爪を入れる。

ワンポイント
金沢市 Aの分量は酒1：みりん1：醤油1：水3の割合です。作る量に合わせましょう。

天然なめこで
こけの味噌汁

● 材料

なめこ（天然）
水菜……適量
だし
昆布……5cm角
味噌
かつお節（追いだし）

● 作り方

1 なめこはさっと塩水に入れ、ごみを取る。
2 だしに昆布を入れて沸かす。
3 2に1と3cm長さに切った水菜を入れ、沸騰直前に味噌とかつお節を入れる。

ワンポイント
金沢市 天然なめこが手に入ったらまず味噌汁を作りましょう。石川では「こけ」と言えばきのこのことです。

浄土真宗報恩講の精進料理
赤ずいきのすこ（酢漬け）

秋
の
レ
シ
ピ

● 材料

赤ずいき
砂糖
酢

● 作り方

1 赤ずいきは皮をむいて3cmくらいに切り、塩でもむ。
2 1を絞ってから鍋で空炒りする。
3 鍋に砂糖と酢を煮立て、2を入れる。
4 落し蓋をして3分加熱して冷ます。
5 1日ほどおいてからいただく。

ワンポイント
加賀市 「すこ」は酢漬けのことです。ずいき（芋茎）は赤く染まる八つ頭の茎を使います。昔から古い血をおろす（洗う）ものとして食べられ、干して保存食として作られます。

食物繊維豊富でヘルシー
赤ずいきの酢の物

●材料
赤ずいき……4本
┌ 酢…大さじ8
│ 醤油…大さじ2
A│ 砂糖…大さじ3
└ 塩…少々

●作り方
1 ずいきは皮をむいて4cm長さに切り、水にさらしてあくを抜き、ざるにあげる。
2 鍋に1を入れ、から炒する。
3 水分がなくなったらAを加え、しんなりするまで煮からめる。

🔵ワンポイント
金沢市 火を通しすぎないように注意。冷蔵庫に入れて食べるまで冷やしておきましょう。しばらく置くと味が馴染みます。大量に作って冷凍保存しておくと便利です。

おかず・おつまみ・お弁当に
たたきごぼう白ごま和え

●材料
ごぼう
┌ だし
A│
└ 昆布
すりごま

●作り方
1 ごぼうは洗って泥を落とし、3cmくらいに切る。
2 まな板の上で、すりこぎ（瓶・包丁の背）でかるくたたく。
3 さっと水にさらし、あくを抜く。
4 3が隠れるくらいのAを入れて煮る。やわらかくなったらざるに上げる。
5 熱いうちにすりごまをたっぷりかけて混ぜる。

🔵ワンポイント
金沢市 ごぼうを延べ棒などで叩いて作るおせち料理。繊維を崩して味の染み込みをよくするために叩きます。牛蒡は地中にまっすぐに根を張る縁起のよい食材です。

さくさくの食感と香り
ごぼうの天ぷら

●材料
ごぼう
＜ころも＞
┌ 溶き卵＋冷水…1カップ
A│ 小麦粉…1カップ
揚げ油……適量

●作り方
1 ごぼうは洗って長さ5cmの薄切りにする。
2 Aを混ぜ合わせる。
3 1を2のころもにくぐらせ、170℃の油で揚げる。
4 最後は少し高温（190℃）にする。

🔵ワンポイント
金沢市 衣は冷水を使いましょう。揚げる最後はさっと高温にすることでさくっとした食感に仕上がります。

秋のレシピ

手取扇状地を豊穣の地にした
七ヶ用水の父と圃場整備の祖
白山の森が濾過した生命の水と

一本の穂に100〜200粒ほどの実がつく

収穫はコンバインで刈り取りから脱穀までできる

茎が分けつして生長する

稲の花
ほんの数時間だけ花が咲く

種から最初に出る白い芽

ひゃくまん穀の米粒は大きい。冷めてももっちり

河北潟から大聖寺川河口まで幅10kmほどの細長い沖積平野が約60kmも続く。西の海側が砂丘地帯、東は医王山から白山山地が連なる両白山地。その中核は手取川の度重なる氾濫で造られた手取扇状地。当初は稲作に不向きな土地だった。穀倉地帯に変身させた先人が二人。一人が「七ヶ用水の父」枝権兵衛。江戸末期、鶴来に手取川の水を取り入れる用水完成に影響を与えた。もう一人は「圃場整備の祖」髙多久兵衛。明治21年、上安原村の入り組んだ田を長方形区画にした。四角い田は石川方式として全国に広まった。石川の耕地面積は県土の約10%、そのうち水田率は約83%で稲作中心の兼業農家が多い。こしひかり、ゆめみづほ、のとひかり、ひとめぼれ、ひゃくまん穀などが栽培される。産地や栽

田植え体験をした子供たちに米の話をする番場さん

鶴来にある七ヶ用水取水口。手取川扇状地の右岸地域の農地を潤している。明治36年に完成した

小牧市の田んぼ。冬水田んぼは渡り鳥や魚、昆虫、微生物が暮らす場になる資源循環型の農業だ

培法で味が異なるのはいうまでもない。加賀こしひかりは味・香り・粘りの三拍子が揃った米として他の産地にひけをとらない旨さがあるという。県が開発した新品種が「ひゃくまん穀」。公募した名は加賀百万石に因む。番場睦夫さんは生産者部会長。米作り40年のベテランである。「粒感があるひとめぼれはカレーや丼物、冷めても美味しい夢ごこちはお弁当やおにぎりに‥お米を食べ比べしてほしい」とは生産者の呟き。白山の水は「生命の水」。加賀平野のどこからも白山は眺望できる。

　小松市おいしんぼの新保美智子さんはご主人が農園で栽培した固定種無農薬の野菜を使って料理を作る。コロナ自粛でお弁当を始めた。祭りは中止だけど柿の葉ずしは‥という要望にも応えた。郷土の食材と料理を守る一人だ。

おいしんぼの新保夫妻。ご主人が野菜を育てる

祭りの日に欠かせない柿の葉ずし

▶今日の献立は大葉おろしハンバーグ・野菜のかき揚げ・新じゃが芋の蝋焼き・ちぎりトマトのサラダ・さつまいものツルのきんぴら

柿の甘みが肉の味を引き立てる

能登豚のソテー 枯露柿のソースがけ

●材料（4人分）

能登豚（豚ロース）……4枚
塩こしょう……適量
枯露柿（干し柿）……2個
白ワインビネガー……大さじ1
水……100ml
醤油……小さじ1/2
バター……10g
A ┌酒……大さじ4
　 └醤油……大さじ2
野菜……お好みで

●作り方

1 豚肉の筋切りをし、両面に塩こしょうをする。
2 枯露柿をさいの目に刻み、鍋に入れて水と白ワインビネガーを加え、柿がやわらかくなるまで弱火で煮る。
3 柿がやわらかくなったらバターと醤油を加え、少し煮て混ぜ枯露柿ソースを完成させる。
4 **1**の豚肉をフライパンで焼く。
5 肉が焼き上がったら、切って皿に盛りつける。肉を焼いたあとのフライパンにAを入れ、温めて肉にかける。
6 **3**の枯露柿ソースを肉にかける。

志賀町 **ワンポイント**
地の食材を使ったペンションクルーズのオリジナルレシピ。野菜を添えて志賀町の秋の味覚をご堪能ください。

ボリューム満点ご飯がすすむ

能登牛肉のきんぴらごぼう

●材料

ごぼう……300g
牛肉……200g
料理酒……大さじ3
ごま油……大さじ3
料理酒……1カップ
砂糖……50g
薄口醤油……50ml
みりん……50ml

●作り方

1 ごぼうはたわしで洗い、ささがきにして水に放しておく。
2 牛肉に料理酒（大さじ3）をかけておく。
3 フライパンにごま油を熱し、ごぼうを炒める。ごぼうに火が通ったら料理酒（1カップ）を加えて沸騰させる。
4 **3**を中火にして約10分間、時々箸で混ぜながら炒め煮する。
5 やわらかくなったら砂糖を加え、少し煮る。さらに薄口醤油を加えて煮詰める。
6 フライパンのごぼうの真ん中をあけ、**2**の牛肉を加えて炒め煮する。
7 ごぼうと牛肉を混ぜ、好みで唐辛子を加える。仕上げに炒りごまをかける。

志賀町 **ワンポイント**
能登で飼育されている黒毛和牛は石川県内の味。やわらかく香り高い牛肉と相性がいいごぼうのちょっと贅沢なきんぴらです。

輪島の冬の味覚
水ようかん

●材料
天草……20g
A［水…800cc
　酢…10cc
こしあん……500g
砂糖……80g
塩……小さじ¼

●作り方
1 天草をよく洗って鍋に入れ、Aを加えて沸騰させる。中火から弱火でかき混ぜながら20分ほど煮る。
2 1の寒天液をネットで漉して600ccにする。
3 別の鍋にこしあんと砂糖・塩を加えて温める。
4 3に寒天液を加え、かき混ぜながら沸騰させる。あくを取りながら焦がさないよう中火〜弱火で10分間煮詰める。
5 4を流し缶に入れ、冷やし固める。

ワンポイント
志賀町
水羊羹は13×15×4cmの流し缶1箱分の分量です。

お祝いに栗入り豪華なお赤飯
栗おこわ

●材料
もち米……1升
栗(むき)……適量
小豆……1合
塩……少々

●作り方
1 もち米は洗い、しばらく浸けておく。
2 小豆は弱火でかために茹でる。
3 蒸し器にもち米・小豆・栗を入れ、強火で蒸す。

ワンポイント
西尾市
小豆は弱火で茹でると割れません。茹ですぎに注意しましょう。

昔ながらの定番おかず
煮豆

●材料(4人分)
金時豆……300g
砂糖……200g
塩……少量

●作り方
1 金時豆は一晩たっぷりの水に浸け、水気をきる。
2 鍋に水と1を入れて中火で煮る。沸騰したら弱火にしてアクを取りながら蓋をしてやわらかくなるまで煮る。水面から豆が出ていたら1カップほど差し水をしながら煮る。
3 2の豆がやわらかくなったら砂糖の⅓量を加えて溶けたらあくを取り、残りも同様にする。
4 蓋をして弱火で煮汁がなくなるまで煮る。塩で味を整える。

ワンポイント
珠洲市
砂糖が多いほど火持ちが良くなります。一晩ほどたつと味がなじんでおいしくなります。味つけは目安なので、好みの味に調節してください。

秋のレシピ

「劒と鶴来」、町名由来の金劒宮
秋祭りに欠かせない笹寿司
故郷の祭りと料理は心温まる宝物

神輿について歩く青いたすきをかけた氏子総代

ごまは鯨（押し寿司）

桜えびと紺のりは紅鮭（押し寿司）

桜えびとごまは鯖（押し寿司）

「しらやまさん」と呼ばれる白山比咩神社の近くにあるのが金劒宮。北陸最古の古社で、町名鶴来も劒に由来すると言われる。秋の例大祭が鶴来ほうらい祭。鶴来の古い街を神輿とともに露払いの獅子舞と太刀持ち役の造り物が練り歩く。神輿を担ぐのは初日は前厄、二日目は後厄、お祓い所で神事を行なう。祭りの間、神輿について回るのが氏子総代。その一人山本隆さんは言う。「祭りの日に欠かせないのが笹寿司」と。笹や柿の葉の上に一口大に薄くそいだ鯖や紅鮭を置いて一握りくらいのすし飯をのせ、干し海老や紺のりを飾り、順々にすし桶に並べていき、いっぱいになったら蓋をして重石をのせて一晩味をなじませる。煮物や焼き物の他にべろべろと呼ばれるえびすやドジョウの蒲焼き‥。祭り姿の若者たちは無礼講。開放した家々で振る舞い酒で勢いをつける。「今の若者は呑みませんね。昔はよく呑んだものですよ」。故郷の祭りと料理は心温まる宝物である。

▲押し寿司。笹の葉を十字に合わせて包んで作る
◀笹寿司。桜えびと紺のり、桜えびとごま、ごま‥
裏に入っている具の目印になっている

▼高さ5mもある造り物

お祓い所で神事を行う▲▶

参道から階段を上ると金劒宮。金運のパワースポットとか

煮物。左側はフグのみみ（皮）

神輿は御仮屋で一晩を過ごす

えびす（中央）とドジョウの蒲焼き

金劒宮氏子総代の山本家。たすきをかけて神輿とともに鶴来の街を歩く。祭りの定番料理を用意するのは女性たちだ

加賀では柿の葉寿司。重ねてから最後に重石を置く

お正月のお祝いにも
ニシンの昆布巻き

●材料(約30本分)

早煮昆布……200g	砂糖……大さじ6
身欠きニシン……130g	いしり……大さじ2
たけのこの皮……適量	醤油……大さじ8
酢……大さじ3	みりん……大さじ3
料理酒……大さじ3	唐辛子……適量

●作り方

1 ボウルに昆布がひたひたになるくらい水を入れ、5分間水で戻す。さっと洗ってざるに広げ、30分おく。

2 1を2〜3枚重ねて10cm幅に切り、30組分作る。たけのこの皮を水に浸けて戻し、竹串でさいて結びひもを作る。

3 ニシンは頭を切り落とし、米のとぎ汁を沸騰させた中に入れ、再び沸騰したら取り出し、斜めに切る。

4 2に3を手前におき、包み込むようにしっかり巻き、真ん中を2のひもで結ぶ。

5 鍋に4を入れて水を加え、1時間おいてから火にかけ、酢を加えて落し蓋をし、30分ほど煮る。

6 昆布がやわらかくなったら酒・砂糖を加えて5分、いしり・醤油を加えて20分煮る。最後にみりんを加えて火を通し、好みで唐辛子を入れる。

7 火からおろして味を含ませる。

🍚ワンポイント
甘みを強めにしたり、醤油やいしるを入れたり、家庭によってそれぞれの味があります。

さつまいも入り加賀流「豚汁」
めった汁

●材料(4人分)

豚肉……80g	ごぼう……1/4本
さつまいも……150g	こんにゃく……1/4枚
れんこん……50g	さといも……2個
大根……50g	ねぎ……1/4本
にんじん……30g	だし汁……4カップ
しいたけ……2枚	味噌……35g

●作り方

1 豚肉は食べやすい大きさに切る。

2 れんこん・大根・にんじん・しいたけはいちょう切り、さつまいも・さといもはいちょう(または半月)切り、ごぼうは斜め切りにして水にとる。

3 こんにゃくは板ずりにして茹で、適当な大きさに切る。

4 鍋にだし汁を煮立て1・2・3の材料を入れてあくを取りながら野菜がやわらかくなるまで煮る。

5 4に味噌をとき入れて味を調え、最後にねぎの斜め切りを入れて椀に注ぐ。

🍚ワンポイント
旬の野菜を使って1年中食べられます。「めった」は「やたらめったら具を入れる」「やたらめったら具を切る」からなどと言われています。

サンマの生姜煮

●材料（4人分）

サンマ……4匹
しょうが……20g
┌ 水…400cc
│ 砂糖…大さじ5
A みりん…大さじ5
│ 醤油…大さじ5
└ 酢…大さじ2
白髪ねぎ……適量

●作り方

1 サンマは頭・内臓をとり、1匹を3つくらいに切る。しょうがは千切りにする。
2 Aはすべて圧力鍋に入れて沸騰させる。
3 サンマとしょうがを入れ、蓋をして強火にかけ、蒸気が出たら弱火にして15分加熱する。
4 圧が抜けたら蓋を開けて少し煮詰め、白髪ねぎを散らす。

🧑‍🍳 ワンポイント
小松市
圧力鍋で加圧すると骨までやわらかくなります。

温かい家庭の味

根菜の田舎煮

●材料

里芋……300g
大根・こんにゃく・鶏もも……各200g
にんじん・ごぼう……各100g
いんげん……適量
醤油・砂糖・みりん……各100ml
だし汁……ひたひた
サラダ油……適量

●作り方

1 具材はすべて一口大に切る。
2 1を火が通るまでサラダ油で炒める。
3 ひたひたのだし汁に醤油・砂糖・みりんを加え、2をやわらかくなるまで煮る。

能登外浦の魚なます

焼きカマスの
大根なます

●材料

大根……半分
カマス(生)……1匹
┌ 酢…大さじ8
A 砂糖…大さじ3
└ 塩…少々
ごま(飾り)

●作り方

1 大根は皮をむいて短冊切りにし、塩で一晩浸ける。（塩もみしてもよい。）
2 水切りしてしぼる。
3 カマスは焼いて身をほぐす。
4 2をAで味つけして3を和え、盛り付けてからゴマを散らす。

珠洲市
🧑‍🍳 ワンポイント
味付けは酢・醤油・砂糖の三杯酢で和えてもかまいません。能登外浦ではブリの頭を焼いて身をほぐし、小さく切った骨も和えます。

小松市
🧑‍🍳 ワンポイント
味の染み込んだ田舎煮はほっとするふるさとの味です。わが家の味を作りましょう。

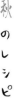

秋の行事に欠かせない
いとこ汁

●材料（4人分）
小豆……50g
大根……80g
木綿豆腐……80g
かぼちゃ……60g
昆布だし汁……2カップ
味噌……大さじ1 1/3
小豆の茹で汁……2カップ

●作り方
1 鍋に小豆とたっぷりの水を入れて火にかける。沸騰したら15分ほど煮て湯を捨てる。再び水を入れて煮る。水が減ったら水を足し、あくを取りながらやわらかくなるまで煮る。
2 ざるに上げて、小豆とゆで汁に分ける。
3 豆腐・大根は1cm角に切り、かぼちゃは種とワタを取り、ところどころ皮をそぎ落として小さめの一口大に切る。
4 鍋にだし汁と小豆のゆで汁を入れて火にかける。大根を加え煮る。大根に火が通ったらかぼちゃを加え、やわらかくなるまで煮る。
5 2の小豆と豆腐を加えて味噌で味付けする。ひと煮立ちしたら火を止める。

🍚ワンポイント
金沢市　秋の伝統行事の一つ報恩講（ほうおんこう）では親鸞上人へのご恩を報い、いとこ汁を食べます。小豆と根菜をじっくり煮込んだ「いとこ煮」もあります。

熱々に蒸したもっちり感
加賀れんこんの蓮蒸し

●材料（4人分）
加賀れんこん……200g
卵白……1個分
A ┌ 塩…小さじ1/3
　│ みりん…小さじ1
　└ 片栗粉…大さじ1
うなぎ蒲焼き……適量
干ししいたけ……適量
ゆり根……適量
乾燥花麩……適量
三つ葉……適宜
わさび……適宜
片栗粉……大さじ1
B ┌ だし汁……1カップ
　│ みりん…大さじ1
　│ 料理酒…大さじ1
　│ 塩…小さじ
　└ 薄口醤油…小さじ1

●作り方
1 れんこんは皮をむいてすりおろし、卵白を加え、Aを合わせて味をととのえる。
2 干ししいたけは水で戻して食べやすい大きさに切る。ゆり根ははがして茹でる。乾燥花麩は水に戻しておく。三つ葉は湯に通す。
3 器に1cm幅に切ったうなぎ・しいたけ・ゆり根を入れて1をかぶせるようにのせ、花麩をのせて15分間蒸す。
4 Bを火にかけ、水溶き片栗粉を加えてとろみをつける。
5 蒸しあがった3に4をかけ、三つ葉とわさびを添える。

🍚ワンポイント
小松市　粘りの強い加賀れんこんを、すりおろして団子にした味噌汁やすり流し汁としていただきます。うなぎの代わりに季節の白身魚や海老、銀杏も入れましょう。

柚子皮やバターを干し柿で巻いた
巻き柿

●材料
干し柿
柚子
バター
グラニュー糖（粉砂糖）

●作り方
1 干し柿のヘタを切り取り、縦に切れ目を入れて観音開きにする。種は取り除く。皮の側に砂糖を薄くかけてもよい。
2 柚子の皮をせん切りにする。
3 1に2を並べ、巻き寿司の要領で巻く。バターも同様にする。
4 ラップに包み、冷蔵庫で冷やす。

🍙ワンポイント
金沢市　柑橘類のピールやバターなどを芯にして干し柿で巻いたちょっとおしゃれなお茶菓子です。

食物繊維が多くてヘルシー
発芽玄米おはぎ

●材料
玄米……2合
塩……小さじ1/2
小豆……200g
┌ 赤ざらめ…200g
│ 甘糀…60g
A 塩…
└ 醤油…
枝豆（飾り用）

●作り方
1 小豆を洗って1晩水に浸しておく。
2 1をたっぷりの水で煮て沸騰したら蓋をしたまま冷ます。ざるにあげて湯をきる。
3 2に水を小豆の上5cmくらいになるように入れ、強火で沸騰するまで煮る。Aを入れて味を調え、弱火で煮詰める。
4 玄米を両手でもみ洗いしてから32℃の湯に6時間ほど浸し、発芽させてから塩を入れて炊く。
5 4を丸めて3の粒あんをまぶす。

🍙ワンポイント
金沢市　玄米メニューがある炊飯器では事前に給水させる必要はありませんが、炊きあがりがかたい場合は少し吸水させるとふっくら仕上がります。

もちもち食感ヘルシーな
れんこんの蒲焼き風

●材料
れんこん（手の平くらい）
片栗粉
のり・粒さんしょう
┌ 醤油…大さじ3
│ みりん…大さじ3
A 酒…大さじ1 1/2
└ 一味…少々

●作り方
1 れんこんをすりおろし、片栗粉を入れてよく混ぜる。
2 のり1枚を3等分にする。
3 2に1を1cm厚さに伸ばす。
4 フライパンに油をひき、のり面を下にして両面をこんがり焼く。
5 Aのたれを混ぜて4に少しずつ入れ、蒲焼風に仕上げる。
6 食べやすい大きさに切り、粒さんしょうをちらす。

🍙ワンポイント
金沢市　カットしたれんこんをフードプロセッサーで細かくしてもいいです。ウナギの蒲焼きのたれでもおいしくいただけます。

秋のレシピ

明治期の農耕用の使役牛が元祖
旨味成分のオレイン酸を多く含む
出荷頭数が少ない「幻のブランド牛」

指先の感触だけが頼りの人工授精。英巳さんの担当

仮名垣魯文『安愚楽鍋』の舞台が牛鍋屋。牛肉を食べることが文明開化の象徴だった。牛肉が日常食になったのは大正時代からだという。明治41（1908）年、金沢に創業した天狗中田本店。天狗の面をつけた創業者が金沢の街を歩き回って食肉を進め歩いたという。明治37（1904）年、富来領家町に創業した寺岡畜産。創業当時から能登牛を中心にした老舗肉屋である。雪の舞う朝、能登町の中瀬牧場に向う。能登牛を繁殖・肥育する農家である。森林率74.5％、内浦に面した里山里海に小さな集落が点在する。訪ねるのは柳田地区の能登牛牧場だ。能登牛の基準がある。黒毛和牛であること、県内が最終飼養地で県内での飼養期間が最長なこと、肉質等級はA3以上または

▲中瀬さん父子。晴夫さん（左）と英巳さん
◀黒毛和牛の母子

B3以上であることの 3 つ。初雪が残る早朝の牧場。白い息を吐きながら黙々とルーティーンの仕事を片付ける。団塊世代の中瀬晴夫さんは繁殖、人工授精師免許を持つ英巳さんが人工授精と肥育を担当する。牧場を始める前は専業農家、炭焼きや原木椎茸も手がけた。牧場を始めたのは昭和 57（1982）年頃。その後、地域が和牛改良組合に認定されてから規模を拡大した。繁殖雌牛・子牛・肥育牛・預託牛を飼養する。牧場の他に水田と牧草地の仕事もある。能登牛は「幻のブランド牛」と言われるのは生産頭数が少ないためだ。能登町には生産農家が 13、繁殖農家は 5だという。晴夫さんは能登和牛改良組合組合長を務める団塊世代。英巳さんと共に地域の能登牛生産を牽引する。

子牛たちのパドック

英巳さんは 2 年間長野の学校で学んできた

晴夫さんは能登和牛改良組合長を務める

能登牛の肉にはオレイン酸の割合が高い

寺岡畜産の寺岡一夫さん

能登牛繁殖センター（志賀町）子牛は約10ヶ月間母親と一緒に育てられる

宇出津漁港から雪化粧した立山連峰が眺められる

能登半島のキリコ祭りは宇出津の暴れ祭りから始まる

甘くて美味しいべったら漬け
大根の米糀漬け

●材料
下漬け大根……5kg　　　　マス（甘酢漬け）……500g
┌赤ざらめ…500g　　　　甘糀
A│酢…180g　　　　　　　にんじん（甘酢漬け）……花形少々
└塩…180g　　　　　　　塩……少々

●作り方
1 大根は皮をむいて桶に並べる。
2 上からAを入れる。
3 （5日目頃）大根から水が上がってきたら取り出して乱切りにする。
4 3・マス・甘糀・にんじんを糀床に漬ける。
5 4（三日漬け）漬け汁の味見をして塩で調味する。
　簡単【糀床】の作り方
　米1合を400mlの水で炊き、粗熱をとって糀を加えて混ぜ、二重にしたチャック付き保存袋に入れる。約70℃の湯を入れた鍋に入れて3時間ほどおくか、こたつの中など温かい場所に1日ほどおいてもよい。甘い香りのお粥になったら完成。

 金沢市　🐵ワンポイント
糀床の材料は米と糀。米はやわらかめのご飯に炊きます。
糀は手でほぐしてぽろぽろにします。甘酒として飲めます。

能登牛肉とピーマンの中華風炒め
能登牛の青椒肉絲（チンジャオロース）

●材料
牛肉……450g
┌料理酒…大さじ2
A└片栗粉…大さじ1
ピーマン……5〜6個
カラーピーマン……2〜3個
┌オイスターソース・酒…各大さじ2
│きび砂糖…大さじ1
B│鶏がらスープの素・醤油・みりん
│・にんにく・しょうが…各小さじ2
└中濃ソース…小さじ1
ごま油……大さじ2
酒……大さじ3

●作り方
1 牛肉は細切りにしてAをもみ込む。ピーマンは細切りにする。Bの調味料は混ぜ合わせる。
2 フライパンにごま油を中火で熱し、牛肉を炒める。
3 肉の色が半分くらい変わったらピーマンを加え、大さじ3の酒を加えて強火で炒める。ふたをして中火で5〜6分炒め煮する。
4 3に混ぜ合わせておいたBを加え、全体によく混ぜる。

 能賀町　🐵ワンポイント
調味料を合わせておき、素材の鮮度を無くさないように強火で素早く炒めるのが中国料理のポイントです。

ほくほくで爽やかな甘み
さといもの天ぷら柚子味噌がけ

●材料（4人分）
さといも……小20個
A ┌ 天ぷら粉…30g
  └ 水…40ml
揚げ油……適量
柚子絞り汁……小さじ2
B ┌ 白味噌…150g
  │ 砂糖…大さじ2
  └ みりん…大さじ3

●作り方
1 さといもは皮をむき、耐熱容器に入れてラップをかけ500Wで4分加熱して、粗熱を取る。
2 Aを合わせて衣をつくる。
3 2に1をくぐらせ、160℃に熱した揚げ油で揚げる。
4 火が通ったら油から取り出す。
5 鍋にBを入れて中火で照りが出るまで混ぜ合わせる。
6 火を止め、柚子の絞り汁を加えてよく混ぜてから3に添える。

金沢市

🖐ワンポイント
さといもは小さな物を使いましょう。生のさといもを揚げるので、揚げ油は低めの温度でじっくりと火を通しましょう。

しっかり味の染み込んだ
大根の味噌煮

●材料
大根……1本
A ┌ だし汁…600ml
  │ 味噌…40g
  └ 砂糖…大さじ1

●作り方
1 大根を一口大に切り、米のとぎ汁でやわらかくなるまで茹でる。
2 味噌で味つけしただし汁Aで茹でた大根と葉も一緒に煮る。

金沢市

🖐ワンポイント
とろ火でゆっくり、時間をかけて煮るのがコツです。

わが家の味で
かぶの千枚漬け

●材料
かぶ……500g
塩……15g
ゆず・鷹の爪……少々
A ┌ 昆布
  │ 酢……大さじ3
  │ みりん……大さじ2
  │ 砂糖……大さじ2
  └ 酒……大さじ1

●作り方
1 かぶは皮をむき、薄くスライスする。
2 2時間くらい塩漬けし、水切りする。
3 Aをすべて鍋に入れ煮て冷ます。
4 冷めたら水切りしたかぶを入れ、冷蔵庫で保存する。

小松市

🖐ワンポイント
皮は厚めにむきます。厚さは2mmくらいでスライスしてください。
調味料の量はお好みで、わが家の味をつくりましょう。

酒・醤油・酢・味噌の醸造元と糀屋
米に花が咲くようだから「糀」です。
白山の森と水と気候風土の結晶

江戸時代から続く武久（たけきゅう）商店こうじきぬや

訪ねるなら鉄道がいい。鶴来は手のひらサイズの町だから。北鉄石川線の新西金沢から鶴来まで約25分。車窓に手取扇状地の景色を眺めるうちに着く。鶴来は千年超の門前町。町名由来の金劔宮や「しらやまさん」と親しまれる白山比咩神社山のお膝元、山と海を結ぶ交易の場として市が立ち賑わった。醸造元が点在する発酵の街でもある。発酵食品に使われるのが麹菌。加熱した穀物に繁殖するカビの一種で蒸した穀物に付着させて培養したものである。日本人との付き合いは奈良時代とか。最初に訪ねたのが糀店。暖簾が気になった。麹ではなく糀。主人は板折を持ち出して覗けと言う。目を凝らして見て納得した。米に付いたコウジカビが花のように咲いている。米偏に花である。麹は中国伝来の漢字、糀は

米についたコウジカビは白い花が咲いているよう。。こうじ菌の胞子のサイズは3〜10ミクロン

「さあ、大根ずし食べまっし」

板折。1折1410円、賞味期限2週間

奥の間に架けられた初代の肖像画

店頭の地下に石室がある。仕込みは10月から半年間。「期間中は雑菌が入るので立ち入り禁止です」

「糀は生きもの」と話す武外喜男さんは6代目

天正年間（1573〜）、小柳屋（おやなぎや）として創業

明治にできた国字で米こうじを表す。「先達が古来大切に育み、使ってきた貴重な財産」として国菌に認定されたのは平成18（2006）年のことである。大正15（1926）年に開業、加賀一宮廃止で終着駅になった鶴来駅から醸造所を順に巡る。手取川の古酒から伝統の酢醸造法で造る米酢の高野酢造、鶴来本町に白山の天然水を使ったおや玉醤油の大屋醤油、めでたいお酒の萬歳楽の小堀酒造店、糀の量り売りをしている飛騨屋と武久商店こうじきぬや、藩政時代は加賀藩年貢米を管理する蔵宿だった横町うらら館、その隣に天正年間開業の老舗酒蔵の菊姫、味噌・醤油・糀と口コミで広まったプロだしの吉田屋‥白山比咩神社まで約2.1km。夏は高温多雨、冬は寒冷で雪深い鶴来の気候は酵母菌の発育を助け、雑菌の繁殖を防ぐなど発酵食品に適した地である。

商家を使った横町うらら館は無料休憩施設。案内してくれた鶴来生まれの山本一郎さんと暖をとる

「自然の摂理を利用した山廃仕込は先人の知恵と経験の所産、そこに日本酒の旨さがある」と語る加賀菊酒本舗菊姫の柳達司さん

白山比咩神社。祭神の菊理媛尊が白山の美酒「菊酒」の由来に

築後約240年の鶴来蔵。地元の酒米で「めでたい酒」を造る

酒店の隣が吉田屋。「鶴来のプロだし」は口コミで評判になった。吉田さんは4代目

鶴来街道の槻の大木

終着の鶴来駅。引き込み線にはラッセル車が出番を待っている

裏側：鮭

裏側：鯨

裏側：鯖

加賀山中温泉の祭りの日

柿の葉寿司

●材料（4人分）
柿の葉……12枚　　　　　干し海老……適量
鱒（〆鯖・鮭）……12切　　黒ごま……適量
すし飯……2合　　　　　海苔……適量
　　　　　　　　　　　　赤でんぶ……適量

●作り方
1 柿の葉をきれいに洗う。
2 葉の上に薄切りにした鱒をのせる。
3 2の上に手のひらで握ったすし飯をのせる。すし飯は少なめの方がきれいに仕上がる。
4 3の上に干し海老などトッピングしたものを寿司桶に並べる。
5 最後に柿の葉でふたをし、重石をのせて3時間ほどおく。

手前が表側、
後ろが裏側

ワンポイント
前田利家の金沢城入場を祝って領民が献上したのが始まりと言われています。お盆やお祭りの日に食べます。

加賀市

鶴来ほうらい祭りの定番

笹寿司

●材料（50個分）
熊笹の葉…100枚　　　桜えび・黒ごま・紺のり…適量
鮭・鯨・鯖……切り身
酢飯……1升
酢…適量

●作り方
1 笹の葉は、よく洗って水分をとり、両端を切っておく。
2 鮭は30分ほど酢につけておく。魚の塩が強いときは、酢につける前に水につけて塩抜きをする。
3 酢飯を50個の握り飯にする。ピンポン玉よりやや大きめの量で、くずれないよう少々きつめに握っておく。
4 笹の葉の表を上にして、魚・握り飯の順にのせる。
5 4の上に桜海老・黒ごま・紺のりをのせ、葉で巻き込むように包み、手で上から軽く押さえて形を整える。
6 もう1枚の葉を、最初の葉と垂直になるように重ねて包む。
7 押し寿司用の箱に、すき間のないように詰め込み、上から重石をして4時間〜一晩押さえておく。

秋のレシピ

白山市

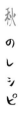ワンポイント
魚の塩が強いときは、酢につける前に水につけて塩抜きをする。

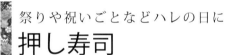

ばあちゃんの知恵袋
すし酢

●材料

ご飯…	1合	2合	3合	4合	10合
酢……	20ml	40ml	60ml	80ml	200ml
砂糖…	10g	20g	30g	40g	100g
塩……	5g	10g	15g	20g	50g

ばあちゃんの知恵袋
すし飯

●材料(2合分)
ご飯……2合
＜すし酢＞
　┌ 酢…40ml
A 砂糖…20g
　└ 塩…10g

●作り方
1 固めに炊いたご飯を飯台に移す。
2 熱いうちにAのすし酢をまんべんなく
　ふりかけ、うちわであおぎながらしゃも
　じで切るように混ぜる。

祭りや祝いごとなどハレの日に
押し寿司

●材料(4人分)
【春季】鰯（イワシ）鯵（アジ）小鯛（コダイ）……適量
【秋季】鯖（サバ）鱰（シイラ）等（刺身用）……適量
塩・酢…適量
しょうが……適量
レモン
紺のり（きざみ昆布）
桜エビ
柿の葉

●作り方
1 魚は三枚におろし、強めに塩をして2〜3時間おいて身をしめる。
2 1を水洗いして水気を拭きとり、針しょうがを入れた酢に30分〜1時間ほど浸
　ける。
3 2の皮をはぎ、さくどりしてそぎ切りにする。
4 しょうがは針しょうがにし、水に浸ける。レモンはいちょう切りにし水にさらす。
　紺のりは水にサッとくぐらせて戻す。
5 すし枠を水で濡らしておき、経木を敷き、レモン、魚を並べ、すし飯を広げて
　その上に紺のり、桜エビ、針しょうがをのせてさらに柿の葉をしき一段つくり、
　同じようにくり返して重ね一晩押しをする。
6 5を切り分け皿に盛り付ける。

🌸ワンポイント
お米の量に合わせたすし酢の分
量。覚えておくと便利です。ご飯２
合分のすし飯を作るには‥

🌸ワンポイント
石川県では祭りや祝いごとのハレの日に「押しずし」を食べます。金沢市では酢でしめ
た魚・すし飯・紺のりを木枠に重ね入れ、一晩押します。加賀では熊笹で包んだ笹寿司
や柿の葉を使った柿の葉寿司を食べます。

里山秋暦
さとやまあきごよみ

暦の上では、立秋（8月8日頃）から立冬（11月7日頃）前日までの季節が秋。陰暦の七月八月九月にあたります。秋は実りの時。手塩にかけた果樹や農作物を収穫する時です。収穫祭や鎮守の秋祭り、自然の恵みに感謝し、日々の労働で疲れた身体を癒すたくさんの行事があります。

五穀豊穣。春から農作業を見守った「田の神」は秋の収穫が終わると、とんがり山に戻って「山の神」になる。

永遠に山の幸を授けてくれるものを古の人は山の大地母神と考えた。万物を生み出す源で、全てを受け入れる母のような存在であることから「山の神」信仰が生まれた。わが妻を「山の神」と呼んだり、親しみを込めて「かみさん」と呼ぶのはそのためとか。黄葉のどんぐり林は豊穣の時を迎える。

長き夜やかはりかはりに虫の声

千代女の暮らした江戸時代の照明は櫨（はぜ）の木の油脂を原料にした蝋燭（ろうそく）か、菜種油や魚油を燃やす行灯のあかり。蝋燭も油も手間暇かかる高価なもの。早寝早起きは贅沢への戒めかもしれない。

「こけ」とじじは言う。湿った地面や岩を這う「苔」でなく「茸」のことだ。石川では松茸や椎茸や舞茸もきのこは全て「こけ」と呼んでいる。

「雨降りの翌日がいい。どんぐりの倒木や枯れた木に出ているんだ」。とんがり山のどんぐり林は櫟（くぬぎ）や小楢（こなら）の雑木林。昭和30年代までは薪や炭を刈る薪炭林だった。燃料革命後、林は生活から切り離された。

林床は熊笹が生い茂る。林の縁には藪を刈り、開いた道が続く。しばらく進むとじじは落ち葉の道を外れ、熊笹の藪に分け入った。胸から背丈を越すほどの藪だ。熊笹の茎が踏ん張って行

ゴリの天ぷら

く手を阻んでいる。どんどん進むじじの背中を見失わないように藪の斜面を下る。倒木を乗り越えたり、滑り降りたり‥斜面に立つ朽木にこけはない。「去年は群生していたのになあ」。辺りを見回してから次の場所に移動する。きつい登り斜面。足がもつれて進めない。「おおーい、ここだ、ここだ」。声を頼りに進む。沢筋から登った斜面。立ち枯れた櫟の幹に空に向かって傘を開いたこけがびっしり群生する。じじは満面の笑顔で満足気に幹を見上げる。傘が開いたなめこは「こけ採り」の本命だ。

町の店で売っているなめこは豆粒のような姿。傘が開く前の幼菌だ。ばばと3人で出かけた帰り道の林で出会ったのが豆粒のような可愛い幼菌。こけの軸をカッターナイフで手早く切り取る。

下のざるに切り落とす。ぬるぬるの幼菌に泥や汚れがつかずに採取できる。「手でむしり採ると倒木を傷つけたり、泥汚れがついたり処理が大変です」

一旦、発生すると数か月、同じ場所に発生し続ける。黄葉が終わり、裸になったどんぐり林。初冬の林は明るい。傘を開いたなめこは滑りを失い、乾燥した干しなめこになる。開いた傘は波打って縁は乾いてしわしわに。一瞬、これがなめこ‥と疑うほどだ。でも、干しなめこは虫もつかず、腐ることもない。

「冬のどんぐり林は天然の冷蔵庫」とばば。しかも乾燥しているので腐らない。冬の林で長期保存できる。滑りを失った干しなめこは水に浸すだけ。特有の滑りも復活するし、味も全く変わりません」

こけの味噌汁

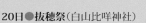

秋の行事と農耕儀礼

8月 葉月‥はづき
13日●吉原釜屋盆迎えおしょうらい(能美市吉原釜屋町海岸)
13〜16日●盆
　お盆の膳。えご羊羹・ところてん・あごだしのそうめん(能登)
　みたま・えびす・柿の葉ずし(加賀)
20〜22日●おっしょべ祭り(小松市粟津温泉)
9月 長月‥ながつき
1日●小型底引き網漁解禁　〜6月30日
1日●八朔
　旧暦8月1日は仕事を休み、秋の収穫に備える。白餅にささげをつけた「蓮の実団子(とびつきもち)」を食べる(金沢市)
　八朔相撲が催された(津幡町)
　●お彼岸
　小豆・きな粉・ごまのおはぎ(お萩)を仏様にお供えする
10月 神無月‥かんなづき
3・4日●ほうらい祭り＝金剣宮の秋季祭(白山市鶴来)
17日●神嘗奉祝祭(白山比咩神社)

20日●抜穂祭(白山比咩神社)
　奉耕田で早乙女の装束に身を包んだ中学生が忌鎌で稲穂を収穫。稲穂は神前に供える。新嘗祭にもお供えされる
23・24日●豊年講秋季大祭(白山比咩神社)
31日●神送り
　神様が出雲へ行かれる。おはぎや赤飯で祝う
11月 霜月‥しもつき
6日●ズワイガニ漁解禁
　加能ガニ(〜3月20日)、香箱ガニ(〜12月29日)
6日●ナマコ漁解禁　〜4月15日
15日●狩猟解禁　〜2月末
　(イノシシ、ニホンジカは11月1日〜3月31日)
20日●えびす講(加賀)
　恵比寿神を祀り、五穀豊穣・豊漁‥商売繁盛を祈願する。大売り出しが行われる
28日頃●報恩講
　親鸞上人のご恩に感謝する仏事。上人の好物とされる小豆を豆腐や野菜(地域によって異なる)と煮た「いとこ汁」や、煮しめなますなどの精進料理を食べる

兼六園の雪吊り作業も漸く終わり。
晴れのち曇りのち雨、めまぐるしい天気
「弁当忘れても傘忘れるな」の所以である。
対馬暖流と大陸の冷たい季節風が起こす冬季雷
ぴかっがらーんは吉報の鰤起こし。
日本海を南下する寒鰤シーズンの幕開けだ。
甘海老、香箱蟹や加能蟹も旨味が増す。
塩漬けした蕪に鰤を挟み米糀で漬け込む
かぶら寿司は冬の金沢ならではの味。
寒仕込みは発酵の街の知恵である。

冬をいただく

『雪の下で春を待つい草』
宮本耕太　小学5年
（水土里ネット「ふるさとの田んぼと水」子ども絵画展 2013 年入選）

ふたつかからしな
【二塚芥子菜】
●山葵に似たぴりっとした辛み、つんと鼻を突く香気があり、無肥料で生育させると一層辛味が増すのが特徴。葉は大根の葉に似て、緑と赤紫の混ざった色である。大正から昭和30年代後半まで袋畠・二ツ寺・赤土・佐奇森など二塚地区を中心に栽培されていた。お浸しや漬け物に最適。種はからしの原料として使われる。栄養価の高い野菜で、ビタミンA・カロテン・カルシウム・カリウム・リン・ビタミンCが豊富で、他の栄養素もまんべんなく含んでいる。
金沢市二塚地区
11月上旬〜3月下旬

せり【芹】
●全国で栽培されているせりの中でも最も茎が細く、彩りと独特の香りで評価が高い。春の七草の筆頭。正月7日に春の七草で作った粥を食べて無病息災を願う習慣は奈良時代から。ビタミンを補う先人の知恵である。ビタミンA・C、カルシウム、鉄分を含む。正月の雑煮はもちろん、冬場の食卓に彩りと香を届ける欠かせない野菜である。
金沢市諸江・弓取地区
10月中旬〜4月下旬

かがれんこん
【加賀蓮根】
●穴があいていて先がみえることから縁起の良い食べ物とされている。金沢では鮮度が大切とあえて泥付が喜ばれてきた。節と節の間が短く肉厚で他県のれんこんと比べて穴が小さい。中身がしまっているということで、同じ大きさのものでも重量は石川産の方がずっしりと重い。澱粉質が多く粘りが強いので、すりおろしてハス蒸しにするのに適している。つなぎをあまり必要とせず、モチッとした食感がある。糖質、澱粉、食物繊維、ビタミンC、カリウム、鉄を含む。1〜2％の酢水に浸してあくを抜き、茹でる時も少量の酢を入れると色白できれいに仕上がる。
金沢市小坂・河北潟地区
8月中旬〜6月
（ハウス栽培7月中旬）

なかじまな
【中島菜】
●ツケナ類の一種で葉に刻みがあるのが特徴。独特のほろ苦さと辛みがある。旧中島町で明治時代から小規模ながら栽培され、春先の野菜としてお浸しや漬け物として家庭の食卓で珍重されてきた。血圧上昇を抑制する機能性成分を他の野菜より多く含んでいることが確認され、注目されている。平成18年11月、農産物では県内で最も早く地域団体商標を取得した。
七尾市・中能登町
11月〜4月

冬の

かのうがに【加能蟹】

●平成18年、県産ズワイガニの名称を一般公募し「加能ガニ」と名付けた。「加」賀から「能」登までのブランドガニ。9cm以上の雄のズワイガニで、漁師や船主が品質に自信を持てるものに、漁港の名称を刻印した青タグを付けて市場へ出す。漁期は11月6日〜3月20日。時化の合間を縫って漁を行う。日帰り操業が基本で、高鮮度の加能ガニが港に並ぶ。

こうばこがに【香箱蟹】

●ズワイガニの雌を「香箱ガニ」と呼ぶ。底びき網で漁獲する。資源保護のため11月6日に解禁して12月29日までが漁期だが、冬の日本海の時化などでさらに出漁が少なくなる。大きさは雄の約半分だが、甲羅の中には未成熟卵の内子や蟹味噌、お腹には外子を抱える。茹でて二杯酢が定番だが、金沢おでんの「カニ面」は冬の逸品。

食材

ハタハタ【鰰】

●産卵期になるとどっと浅瀬に押し寄せるはたはたは、日本海に冬の到来を告げる魚。石川県では産卵のために接岸する親魚ではなく、沖合で豊富な餌を求めて回遊しているものを底びき網で漁獲する。そのため白身ながら脂がのっておいしい。DHAやEPA、ビタミンEも豊富。鱗がなく扱いが簡単。小骨が少なく身離れがいい。淡白で身は締まっている。塩蔵したり味噌漬けにしたものを食べることも多く、タンパク源が少なくなる雪国の冬を乗り切るための重要な食材でもある。塩焼き・田楽・ハタハタ汁など、煮ても焼いてもから揚げにしても美味しいが一夜干しが一番かも。

かんぶり【寒鰤】

●ブリは成長するにつれ呼び名が変わる「出世魚」。石川県では、「ばうず」→「こぞくら」→「ふくらぎ」→「がんど」→「ぶり」。11月頃、日本海を南下してくるブリ。晩秋の雷は「ブリ起こし」と呼ばれ、寒ブリの到来を知らせてくれるものとされている。この時期のブリは鮮度・色艶・脂のりなど全てが抜群。たっぷり脂がのった身は、刺身・ブリしゃぶ・ブリ大根にしていただく。石川県では、娘を嫁に出した家から嫁入り先へ寒ブリをお歳暮として贈る慣習があり、お歳暮の時期の寒ブリには高い値が付けられる。珠洲市から七尾市にかけて富山湾に面する海域（内浦）で盛んな定置網で漁獲され、7kg超えを「天然能登寒ぶり」と呼び、ブランド化が進められている。

かんだら【寒鱈】

●石川県で獲れる鱈はマダラとスケトウダラの2種類。「捨てるところがない」といわれるマダラ。身はもちろん内臓から骨まで余すことなく楽しめる。雪が降るころに獲れ、雪のように白く光沢のある身が特徴の、冬に旬を迎える魚。大きな口と鋭い歯を持ち、手当たり次第に食べまくる大食漢。詰め込んだ餌で腹部が膨らんだ様子は「鱈腹（たらふく）」と形容される。身はもちろん、内臓・白子は珍味、残りは汁物の出汁として楽しまれ、さらに使い切った骨は田畑の肥やしとして使用されている。県の郷土食である、雄の白子の酢の物、雌の真子の子付け刺身は、新鮮な鱈が手に入る県ならではの味わい。

能登野菜を使った伝統料理
あいまぜ

●材料（5〜6人分）
大根……600g
こんにゃく……100g
ごぼう……100g
にんじん……150g
油揚げ……200g

だし汁……300cc
料理酒……大さじ3
砂糖……大さじ4
薄口醤油……大さじ5
みりん……大さじ2
炒りごま・柚子・かぼす……適宜

●作り方
1 短冊切りにした大根をから炒りし、少し冷ましてしぼる。
2 こんにゃくはかるく塩もみをしてから細切りにし、2〜3分茹でる。他の具材も細切りにしておく。
3 鍋にごぼうとだし汁を入れて火にかける。ごぼうが煮えたらにんじん・こんにゃく・油揚げを入れる。
4 ひと煮立ちさせ、料理酒と砂糖を加える。砂糖がまわったら薄口醤油・みりんを加えて味を調える。汁気がほとんどなくなるまで煮含める。
5 1のしぼった大根を加えて混ぜ、炒りごままたは柚子などを天盛りにする。

祭りに欠かせない溶き卵の寒天寄せ
べろべろ（えびす）

●材料
棒寒天……2本（8g）
水……2ℓ
砂糖……150g
みりん……大さじ2
薄口醤油……大さじ2
醤油……大さじ2

塩……小さじ1
卵……4個
しょうがのしぼり汁（ゆずやレモンでも）……大さじ1

●作り方
1 棒寒天をさっと洗い、鍋に2ℓの水を入れ、棒寒天をちぎって30分以上浸しておく。
2 火にかけ、沸騰する直前で火を弱め、寒天をよく煮溶かす。
3 砂糖を加え、ひと煮立ちしたらみりんを加えてから醤油と塩を加える。
4 沸騰したら、溶きほぐした卵を箸に沿わせて流し入れ、火を止める。
5 しょうがのしぼり汁を入れた流し缶に流し入れる。
6 5を冷やしかためる。

冬 の レ シ ピ

⚘ワンポイント
作り置きするときは1と4の温度差を少なくしましょう。油揚げは湯通しします。

志賀町

⚘ワンポイント
金沢や能登では砂糖と醤油でべっこう色、小松・加賀地区では砂糖と塩で白っぽい色になります。

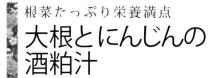
根菜たっぷり栄養満点
大根とにんじんの酒粕汁

●材料（4人分）
大根……¼本
にんじん……少々
大根葉……少々
酒粕……適量
あごだし
味噌

●作り方
1 大根・にんじんは短冊に切る。
2 1をだし・酒粕で煮る。
3 煮立ったら味噌を入れ、細かく切った
　大根葉を入れる。

奥能登外浦の磯の香り
ぼたのりの雑煮

●材料（4人分）
丸もち……8個
ぼたのり（生岩のり）……40g
あごだし…適量
昆布…2切れ
醤油…大さじ2
みりん…大さじ1
酒…大さじ1
水……600cc

●作り方
1 餅は煮る。
2 鍋に水・あごだし・昆布を入れてだし
　を作り、調味料で味つけする。
3 のりはさっと火にあぶる。
4 お椀に餅・のりを盛り、熱々のだし汁を
　かけていただく。

ワンポイント
酒粕で身体が温まります。じっく
り煮ると味がしみて一層おいしく
いただけます。

簡単で美味しい常備菜
大根の甘酢漬け

●材料
大根（赤大根）……1本
甘酢漬けの素……適量
ゆずの千切り……少々

●作り方
1 大根は半月切りで一晩塩漬けする。
2 漬かったら甘酢に漬けかえる。
3 薄切りにしてゆずの千切りを飾る。

赤大根の甘酢漬け

珠洲市 ワンポイント
奥能登のお雑煮はぼたのり（岩
のり）に丸もちが定番です。少し
濃いめの味つけにします。

珠洲市 ワンポイント
甘酢漬けの素を使うと便利です。
冷蔵庫で1週間ほどもちます。

冬のレシピ

残り物のアレンジおかず

古漬け大根と古漬けかたはの煮付け

●材料
古漬け大根
古漬けかたは
油揚げ
A ┌ だし
 │ 昆布
 └ かつおあごだしパック（市販）

●作り方
1 古漬けの大根・かたはは茹で、それぞれ味見して塩が抜けたことを確認する。
2 Aで塩抜きした1を煮る。
3 油揚げは細切りにして2に加えて煮る。

ワンポイント
たくあんのぬか漬けの場合は、糠を漬けた状態でゆでたほうが味が良いです。 （金沢市）

甘酸っぱいピリ辛味

天日干し大根のはりはり漬け

●材料
干し大根
A ┌ みりん…90cc
 │ 酒…30cc
 │ 醤油…120cc
 └ 水…30cc
昆布……10cm
スルメ……適量
鷹の爪……適量

●作り方
1 昆布・スルメは細切り、鷹の爪は1mmの輪切りにする。
2 干し大根（細め）は1〜2mmの輪切りにする。
3 Aの調味料を煮立たせて粗熱をとる。
4 3に1・2を入れて混ぜる。

ワンポイント
畑に残った細い大根を干したものを使っています。 （金沢市）

岩のりの風味を味わう

岩のりと豆腐の味噌汁

●材料
豆腐
岩のり（生かすきのり）
味噌
あごだし
昆布

●作り方
1 だし汁に味噌を入れ、味噌汁を作る。
2 適当な大きさに切った豆腐を入れる。
3 お椀に岩のりを入れ、熱々の2を注ぐ。

冬のレシピ

ワンポイント
これが地元の食べ方です。熱々で食べるのが一番美味しいです。 （珠洲市）

一手間かけておいしく
厚揚げの糀漬け焼き

●材料
厚揚げ……1枚
A ┌ 白味噌
　└ 甘糀
醤油
一味

●作り方
1 厚揚げ1枚を縦半分に切り、さらに横5等分くらいの拍子木切りにする。
2 A(白味噌1：甘糀1)を弱火で練り上げ醤油・一味で味を調える。
3 2を冷ましてタッパーに床を作って1を並べ、上にも2をのせて一晩寝かせておく。
4 オーブントースターでアルミ箔をひいて焼く。

ワンポイント
金沢市　焼く時は焦げやすいので注意しましょう。ご飯のおかずでも、酒の肴でもいただけます。

滋養豊富な海の野菜
カジメの味噌汁

●材料
カジメ(生カジメ)
豆腐
味噌
A ┌ あごだし
　└ 昆布

●作り方
1 カジメは細いせん切りにする。
2 Aのだし汁に味噌を入れる。
3 椀に1を入れ、さいの目に切った豆腐を加えて熱々の2をそそぐ。

手間暇かけた独特の風味
きゅうりの酒粕甘糀漬け

●材料
きゅうり
塩
重石
酒粕(ねり粕)
みりん
ざらめ・甘糀

●作り方
1 きゅうりを熱湯にさっとくぐらせる。
2 きゅうりと塩は同量でつける。重石をしっかりとする。
3 1週間ほどおくと水が上がってくる。
4 熱湯をかけ、晴れた日に半日ほど干す。
5 ねり粕にみりんを加えやわらかくする。
6 容器の底に5のねり粕をしき、きゅうり・ねり粕を交互に重ねる。
7 半日後ねり粕とざらめで2度漬けする。
8 1ヶ月したら食べる分だけ出して甘糀に漬ける。
9 1週間ほどで食べごろ。

ワンポイント
金沢市　1度目の粕は捨てずに再利用。魚などを漬けるとおいしくいただけます。

ワンポイント
珠洲市　カジメ拾いは冬の能登の風物詩。海が時化ると浜に打ち上げられます。ヨード分が多い海藻です。

「能登とき海老」は新鮮さの証
能登牛の料理教室で青椒肉絲
郷土料理「あいまぜ」を受け継いで

時化の日本海。うねりは泡立ち、波の華が吹き上げる

甘えび（ホッコクアカエビ）

縞海老（モロトゲアカエビ）

深い海で獲れるバイ貝は大粒だ

▲刺身の醤油はカネヨ　酒は宗玄
◀フクラギを捌く田谷さん

時化の日、富来の西海漁港に田谷武博さんを訪ねる。海老カゴ漁瑞穂丸船主船頭。福島県被災者の応援プロジェクトに参加する。「志賀原発があり、漁師という仕事柄、福島第一の事故は明日の我が身」だから。正月6日は甘えび籠漁解禁日。初日は籠入れ作業。水深300mの沖合に400ほどのえび籠をつけた縄を沈めていく。冬の日本海は時化が続く。漁に出られる凪を待つ。漸く初水揚げ。籠漁の特長は生きたまま捕獲できること。「能登とき海老」のブランドは新鮮さの証。中央卸売市場でせりにかけられ店頭に並ぶ。甘エビの中に少しだけ混ざる縞海老が最高だという。春から秋は巻き網でアジ・サバ・ブリの漁をする。関東直撃の台風の影響は能登まで及ぶ。打ち寄せるうねり

2月11日建国の日に富来漁港で行われる大漁起船祭

室谷夫妻と三野待子さん、池田恭子さん

は白く泡立ち、波の華を吹き上げる。漁師が捌いたラギの刺身をいただく。

　平成17（2005）年、座敷を開放して農家レストランを立ち上げたのは室谷加代子さん。団塊世代。10畳二間と廊下を使って60人で食談の予約を受ける。接待はご主人が担当。お祭りで親戚が集まった設定で料理を用意する。赤飯・煮しめのほか、メギスの団子汁など郷土料理、季節の野菜を使った白和え・胡麻豆腐も説明しながら食べてもらう。料理は一人で用意する。下準備から仕上げまで5日間。当日は知人がボランティアで手伝う。月に8回ほど地元の食材を使った料理教室も開催する。富来地区センターで能登牛肉を使った料理教室も開催。寺岡畜産の寺岡才治さんも訪れた。「食べることは大事なことやね、食べたもので身体がつくられていく訳ですから」と室谷さん。料理は一生の仕事にしたいと思う。

郷土料理あいまぜは伝え残したい

能登牛の肉を使った青椒肉絲

10畳二間と廊下を使った食談の部屋。50〜60人で完全予約制

富来の料理教室の仲間たち。「もう長い付き合いなんです」

丘陵地に広がる富来放牧場。農家から預かった乳用牛・肉用牛など約250頭を飼育する

料理教室の合間、寺岡さんに牧場と能登牛繁殖センターを案内してもらう

ぶりおこしに始まる冬の故郷の伝統料理
ぶり大根

●材料(4人分)
ブリ(頭・カマ・切り身)……8切れ
(塩水……適量)　　　　しょうが(千切り)……適量
大根……3cm厚さ8個　　┌酒…¹⁄₃カップ
昆布……10cm角　　　A│砂糖…大さじ1
赤唐辛子……適量　　　┌濃口醤油…¹⁄₄〜¹⁄₃カップ
水……3〜4カップ　　　B│みりん…¹⁄₄カップ

●作り方
1 ブリは等分に切り、うすい塩水に浸けておく。
2 大根は皮を厚めにむいて切り込みを入れる。
3 1のブリを沸騰した湯にさっと通して水にとり(霜降り)丁寧
　にうろこを洗い落とす。
4 鍋に昆布・2・3を入れて水を加え、強火にかけて煮立ったら
　あくを取り、弱火にしてしばらく煮る。しょうが・赤唐辛子・A
　を入れ、さらに煮る。
5 Bを加えゆっくりと煮含め、残りのしょうがを入れ、味をみて
　仕上げる。(調味料は二度に分けて入れる)
6 器に盛り、しょうがの千切りを天盛りにする。

源助大根のおせちの定番
紅白なます

●材料(4人分)
大根……1本
にんじん……中5cm
塩……ひとつまみ
薄揚げ……¹⁄₂
┌酢(すし酢またはらっきょう酢)
A│だし
炒りごま

●作り方
1 大根は皮をむき5cm輪切りにして縦に5mmくらいに切り、さら
　に縦5mmの千切りにする。
2 人参は泥を落とし縦2mmくらいの千切りにする。
3 1・2に塩をして1分ほどもみ、水をきる。
4 薄揚げは半分にし、長い方を更に半分にして重ねて5mmくら
　いの短冊切りにする。
5 4をオーブントースターなどで焦げ目がつくらいに軽く焼く。
6 Aを小鍋に入れて沸騰させて冷ます。
7 3に5・6を入れて和える。
8 味見して酢が足りなければ調節する。

冬 の レ シ ピ

金沢市 🏠ワンポイント
初冬に「ブリおこし」と呼ばれる雷がなる時期になると、
能登では定置網のブリ漁が始まります。能登ブリと伝統
野菜の大根で作る地産地消のおかずです。

金沢市 🏠ワンポイント
野菜を細く切って甘酢で和えたものを「なます」と呼びま
す。保存食であり、冬の身体を整えてくれるおかずです。

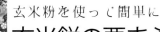

玄米餅の栗まぶし

玄米粉を使って簡単に

●材料

A
- 玄米粉…90g
- 片栗粉…30g
- 甘糀…120g
- 塩…少々

栗

●作り方

1 A(玄米粉3:片栗粉1:甘糀4)をボウルに入れてこねる。
2 耳たぶくらいのやわらかさになったら500円玉くらいにまるめて蒸す。
3 栗を中火で蒸しておく。
4 3を2つに割って中身をスプーンでとり出し、裏ごしする。
5 2に4をまぶす。

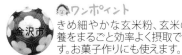
🌸ワンポイント
金沢市 きめ細やかな玄米粉、玄米の栄養をまるごと効率よく摂取できます。お菓子作りにも使えます。

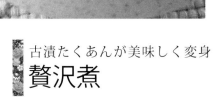

大学芋

五郎島金時のおかず風

●材料

さつまいも(五郎島金時)……中5本
油・枝豆・黒ごま

A
- 醤油…1カップ
- みりん…1カップ
- 赤砂糖…1/2カップ
- 水…1カップ

●作り方

1 さつまいもは乱切りにして蒸す。
2 油で素揚げにする
3 Aを鍋に入れて煮ておく。
4 3に揚げたさつまいもを入れる。
5 盛り皿にとり、茹でた枝豆とごまを散らす。

🌸ワンポイント
金沢市 ひと手間かけて枝豆を散らすと彩りが良いです。

贅沢煮

古漬たくあんが美味しく変身

●材料

古漬たくあん

A
- 醤油…大さじ1
- みりん…小さじ1
- 唐辛子……適宜

●作り方

1 古漬たくあんを輪切りにする。
2 1を水だけで炊く。
3 そのまま一晩水に浸けて塩抜きする。
4 やわらかくなったら水を捨てAで味つけして味が染み込むまで炊く。

🌸ワンポイント
加賀市 一手間かけるのが「贅沢」。温かくても冷たくても‥お酒のおつまみやお茶漬けにも美味しいです。

寒鰤と青蕪と米と糀と‥
加賀の気候風土が育んで
発酵熟成した味わいの芸術作品

冬の日本海では移り変わる天気を視認できる

弁当忘れても傘忘れるな。変わりやすい天気の格言である。晴れたり降ったり‥北陸の天気は目まぐるしい。「鰤起こし」の雷鳴も一撃、青天の霹靂である。俄に霰や雪が舞ってくる。悪いことばかりではない。日本海を南下してきたガンドがブリになる、寒鰤の到来の知らせである。かぶら寿し漬け込みも始まる。塩漬けした蕪に塩漬けの鰤を挟み、米糀で漬け込んで発酵させた発酵食品。かつて家庭でも作られていた郷土料理である。蘊蓄を伺いに四十萬谷本舗を訪ねた。1875（明治8）年以来、発酵食品を作り続けいている。かぶら寿しに使う百万石青首かぶらなどを作る自社農園、金沢の食文化を伝承する体験教室を開催する。

かぶら寿司は泉鏡花や尾崎紅葉、室生犀星などの文豪も愛した金沢の冬のご馳走（ホームページ）

明治期の伝統的な町家姿をとどめる弥生本店

クリームチーズ柚子みそ漬け・かぶら寿司・山いも（醤油漬）

金沢から鶴来に向かう旧街道に風情を醸す店の佇まい

5代店主の四十萬谷正久さん

金沢青かぶは肉質がかたい、使う材料の説明を話す

　師走も迫った秋の終わり、野町のかばたかぶら寿し本舗を訪ねた。1925（大正14）年に開業した。「昔からの味、食文化を残したい」。加葉田恵子さんが長田町の公民館で開く、かぶら寿し漬け込み教室に同行した。在来種の金沢青かぶにこだわりがある。土地に根ざした伝統野菜を使うのは当たり前、昔からの味を伝えるためだ。今、固定種の青かぶは作るのに手間がかかる。生産農家は野々市で数件だけという。

　1920（大正9）年、泉鏡花は師の尾崎紅葉にかぶら寿しを贈って喜ばれた時のことを『寸情風土記』に記す。「四時常にあるにあらず、年の暮れに霰（あられ）に漬けて、早春のご馳走なり」。糀を霰‥風情あふれる表現である。

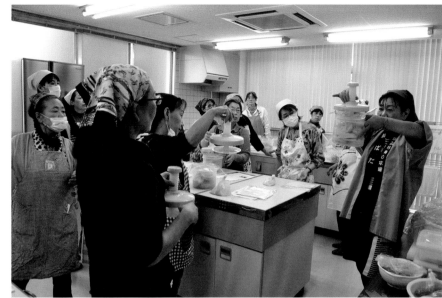

漬物用の容器に入れて2〜3日は涼しいところで発酵を促し、冷蔵庫で熟成‥

ブリをかぶらに挟んで‥

かぶらを並べて糀をのせて‥　塩漬けしたブリをスライス

金沢青かぶを育てる小林淖志さん

野々市の金沢青かぶ栽培農家はわずか5軒だけ

大根寿司

●材料
源助大根……中4本	湯(約60℃)……3カップ
塩……大根の重さの5%	身欠ニシン……1〜2本
ご飯(やわらかめ)……3合	米のとぎ汁……適量
糀……1枚(約900g)	にんじん(柚子・昆布・唐辛子)

●作り方
1 大根を1.5センチ厚さ、食べやすい大きさに縦切りする。
2 桶に並べ塩をふり入れ、重ねて落し蓋をおき、重石(大根の重さの2倍)をして4日ほどおく。
3 ご飯のあら熱をとったら湯を入れ糀をほぐし入れ、容器を毛布などにくるんで保温して一晩(約7時間)おいて甘酒を作る。
4 ニシンを米のとぎ汁に浸けて一晩(約7時間)おく。
5 にんじんは千切り、ニシンを3cm長さに切る。
6 大根の汁をきり、塩が薄いようなら本漬けのときに塩を足す。また塩がきつい場合にはさっと水で洗う。
7 桶の底に薄く甘酒を塗り、大根・5・甘酒をのせるの繰り返しをして漬け、落し蓋をして重石(大根の重さの1.5倍)をする。
8 6日目頃からが食べごろとなる。

 ワンポイント
金沢市 気温が高いときは酸味が強くなるので冷暗所で漬け上げると良いです。

冬のレシピ

かぶら寿司

●材料(30枚・5kg)
かぶら……大15個	糀……1枚
A:水…2ℓ・塩…100g	唐辛子……少々
ブリ(柵どり)……500g	漬物容器・落し蓋
にんじん……大3・小2本	重石1.5kg……2個
米……3合	(ペットボトル1.5ℓ・水)

●作り方
1 柵どりしたブリは20日間塩でしめる。
2 かぶらは上下端を落として半分に切り、さらに2/3の切り込みを入れる。Aに4日間漬ける。
3 米をやわらかめに炊いて蒸し、器に移して糀を少しずつ加えて混ぜる。蓋をして3時間ほど保温し、冷ましておく。
4 にんじん大は千切り、小は2mm厚さに切り花型で抜く。
5 1は5mm厚さのそぎ切りで30枚にスライスする。
6 唐辛子は小口切りにする。
7 2に5を挟む。血合いを内側にする。
8 容器の底に3を塗り、7を少しずつ重ねて敷き詰める。
9 かぶら一つ一つに糀をのせ、4・6をちらす。落し蓋をし、重石(かぶら半分の重さ)をのせ一晩おく。
10 水が上がってきたら重石を倍の重さにする。常温で1週間で食べ頃になる。

 ワンポイント
金沢市 代表的な発酵食品で、お漬物に近い「なれずし」の一つです。江戸時代、寒ブリは高級食材でした。

能登半島の冬の味覚
なまこの酢の物

●材料

なまこ……100g
大根……150g
［砂糖…小さじ1弱
A 酢…大さじ1弱
└味噌…小さじ1弱
長ねぎ……5cm

●作り方

1 なまこは真ん中から（腹身から）切って二等分して内臓をとり口（硬い部分）を切りとる。水できれいに砂を洗い流す。薄く切ってざるに上げて水気をきる。
2 大根をすりおろし、しっかり水気をきる。
3 1のなまこと2の大根を混ぜ合わせておく。
4 Aの調味料を合わせ、3と長ねぎのみじん切りを和える。

金沢市 🌸ワンポイント
ナマコを使った定番料理です。もちろん酒の肴には欠かせません。

独特のほろ苦さと辛み
中島菜の煮びたし

●材料（4人分）

中島菜……1わ
しめじ……1/2袋
にんじん……50g
油揚げ……1/2枚
あごだし汁……適量
そばつゆ……適量

●作り方

1 中島菜をゆでて食べやすい大きさに切り、水をよくしぼる。
2 にんじん・油揚げは短冊切り、しめじは房をバラバラにしてそれぞれをだし汁で煮る。（一緒に煮ても良い）
3 材料を混ぜてそばつゆ（いしり入り）で和える。

七尾市 🌸ワンポイント
旧中島町で明治時代から栽培されている加賀伝統野菜です。漬物やお浸しとしていただきます。

昔だったら当たり前のおかず
たくあんの炒め煮

●材料

たくあん
油……適量
［醤油…大さじ5
│酒…大さじ2
A みりん…大さじ3
│砂糖…大さじ5
└あごだし…2カップ

●作り方

1 たくあんは食べやすい厚さに切る。
2 1を鍋に入れ、かぶるくらいの水で15分ほど火にかけ、冷めるまでそのまま置いて塩出しする。
3 2をざるに上げて水気を切る。
4 フライパンに油を熱し、3を入れて炒める。全体に火が通ったらAを加えて味付けする。
5 中火にして焦げないようにかき混ぜながら煮る。

珠洲市 🌸ワンポイント
味つけはあくまで目安なので味をみながら調味しましょう。塩抜きは水からことこと煮てそのまま冷ますのがこつです。

冬 のレシピ

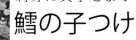

刺身に真子をまぶした能登冬の味覚

鱈の子つけ

●材料(4人分)

マダラ……100g	真子……25g
酢(酒)……適量	┌ 醤油… 小さじ2
昆布……適量	A 酒… 大さじ3
大根(つま)……適宜	└ 砂糖… 小さじ2
大葉・わさび……適宜	

●作り方

1 昆布を広げ、全面を酢(酒)でしめらせる。
2 マダラはそぎ切りにし、1の上に並べる。
3 2を手前から巻いてラップで包み、両端をとめて1～2日しめる。(昆布じめ)
4 鍋でAを煮立てて真子を入れ、ほぐしながら汁がなくなるまで炒る。冷まして味をなじませる。
5 2の昆布から身をとり、4をまぶす。
6 大根のつま、大葉、わさびなど添える。

冬 の レ シ ピ

金沢市

◆ワンポイント
能登地域で行われる起舟祭(きしゅうさい)で食べます。

能登に伝わる魚醤を使う

いしる鍋

●材料(5人分)

はくさい……4枚	焼き豆腐……1丁
大根……1/2本	春菊……1束
じゃがいも……小4個	だし汁(水)……3 1/2カップ
生しいたけ……4枚	いしる……1/4カップ
えのきだけ……1束	酒……大さじ3
ねぎ……2本	七味唐辛子
糸こんにゃく……1玉	柚子……適宜

●作り方

1 はくさいは細切りにし、大根は1cm厚さの半月切り、じゃがいもは皮をむいて適当な大きさに切る。しいたけ・えのきだけも食べやすい大きさに切る。
2 ねぎは斜め切り、糸こんにゃくは適当な長さに切ってから炒り、焼き豆腐も好みの大きさに切っておく。
3 鍋にだし汁を入れてじゃがいも・大根を入れて煮、いしる・酒で味をつけ、野菜・糸こんにゃく・焼き豆腐などを煮ながらいただく。

輪島市

◆ワンポイント
カワハギ・甘エビ・イカを加えると海の幸の味わいが楽しめます。

団子餅

●材料

じゃがいも（男爵）……中5個
片栗粉……適量
油……少々
A ┌ しょうが
　└ 醤油

●作り方

1 じゃがいもは皮付きのまま半分に切って蒸す。
2 皮をむいてつぶす。
3 2に片栗粉を入れて手でこねる。
4 3を500円玉ぐらいの大きさに丸めてつぶし、真ん中にへそを作る。
5 フライパンに油をひいて4を焼く。
6 Aにつけて食べる。

輪島の冬の味覚
ダダメのいしる鍋

●材料（4人分）

ダダメ（鱈の白子）
A ┌ いしる…大さじ2
　│ 水…450ml
　└ 酒…適量
はくさい・きのこ
しらたき・豆腐

●作り方

1 野菜は食べやすい大きさに切る。しらたきは適当な長さに、豆腐も食べやすい大きさに切る。
2 きれいに洗った白子に塩をふって全体を混ぜ合わせる。さらに水を入れ、ぬめりと薄皮を取り除き、流水で洗って水気をきる。
3 熱湯をかけ、身がしまったら食べやすい大きさに切る。
4 鍋にA・1を入れて中火にかけて沸騰したら3を入れ、白子に火が通るまで加熱する。
5 器に盛り、ポン酢でいただく。

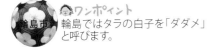

🌼ワンポイント
蒸したじゃがいもをビニール袋に入れてつぶすと簡単です。

🌼ワンポイント
輪島ではタラの白子を「ダダメ」と呼びます。

寒い日に具だくさんの
団子汁

●材料

団子餅　　　　ねぎ
うす揚げ　　　鷹の爪
A ┌ ます切り身　B ┌ だし
　│ にんじん　　　└ 昆布
　│ 大根　　　　C ┌ 白味噌
　│ ごぼう　　　　└ 豆乳
　└ 里芋

●作り方

1 うす揚げは5mmの短冊切りにする。
2 Aは乱切りにしてたっぷりのBで煮てあくを取る。
3 2にCを入れて味を調える。
4 3に1・団子餅を入れる。
5 4に小口切りのねぎと鷹の爪少々を入れる。

🌼ワンポイント
団子餅は食べる前にその都度鍋に入れましょう。煮込んでしまうとどろっとしてしまいます。

「北陸の台所」として開場50余年
日本海の魚と伝統野菜の食文化を
「武蔵ケ辻のおみちょ」は庶民の台所

漁港名が印された青タグが付いた県産ズワイガニ

満月が夜空に輝く師走の午前2時30分、西念の金沢中央卸売市場へ。1966（昭和41）年に開設した北陸の台所。日本海の魚食文化を支えてきた。夜明け前が活気溢れる時間である。最初に向かったのは水産のせり場。鮮魚が入った発泡スチロールが所狭しと並ぶ。ひときわ高く積まれた箱のまわりに人が集まる。午前3時、ブリのせりが始まる。せり人と仲買人の威勢のいい掛け合いが場内に響く。能登町宇出津港や七尾市の庵漁港などで水揚げされる寒ブリは11月から3月まで850t超。県産ズワイガニの初せりは解禁日11月6日の翌日夜明け前。箱の中で動いている青いタグの付いた加能ガニや香箱ガニ。タグには漁港名が刻印されている。魚のプロたちが目利きをして競り落とす。午前中には近江町市場やスーパーに「冬の味覚の王者」が店頭に並ぶ。

ハイ貝

甘エビ（上）とガスエビ　メギス

ハタハタ

ノロゲンゲ

加賀野菜さつまいも。五郎島金時は甘くてこっぽこぽ

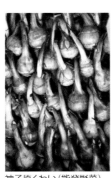

神子原くわい（能登野菜）

加賀れんこん（加賀野菜）

　午前5時40分過ぎ、青果のせりが始まる。カラフルな段ボールが積み重なる中を進むと、ずらりと並ぶ裸の干し大根の山。日本海の寒風に吹かれた漬物用の大根は今がシーズン。青帽子のせり人と仲買人が集まってせりが始まる。山から山へと番号札を置いていく。段ボール箱の山の間で枯露柿や果実のせりも行われている。数量は少ないが旬の伝統野菜も人気が高い。加賀野菜では金沢一本ねぎ・源助だいこん・二塚からしな・金沢春菊、能登野菜では中島菜・能登白ねぎ・能登ブロッコリー。せり落とされた鮮魚や野菜が並ぶのは藩政時代から庶民の台所だった近江町市場。金沢の食文化を支え続けてきた市場である。地元の人は親しみを込めて「武蔵ヶ辻のおみちょ」と呼ぶ。夜明け前、市場の1日は終わる。

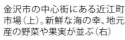

金沢市の中心街にある近江町市場（上）。新鮮な海の幸、地元産の野菜や果実が並ぶ（右）

カニ面も入れて
金沢おでん

カニ面

●材料

源助大根
車麩……2個
赤巻き……4切
ゆで卵……2個
バイ貝……2個
カニ面……2個

A ┌ だし汁…1.5ℓ
　│ 薄口醤油…大さじ4
　│ みりん…大さじ4
　│ 砂糖…大さじ1
　└ 塩…少々
練り辛子

●作り方
1 大根は皮を剥いて面取りし、米のとぎ汁で下茹でする。
2 車麩は水に浸けて戻し、水気をきる。
3 バイ貝は塩を加えたかぶるくらいの湯で茹で、水に取って冷ます。
4 鍋にだし汁Aを入れて一煮立ちさせ、1を加えて30分ほど弱火で煮る。
5 車麩・ゆで卵を加えて味を含ませ、カニ面など残りの具材を入れて弱火で煮る。

冬のレシピ

118

金沢市

🍙ワンポイント
近江市場で具材を揃えてわが家で金沢おでんを楽しみましょう。

報恩講・祭の膳に並ぶおもてなし料理
おひら

●材料
しいたけ……4個
いものこ……4個
こんにゃく……4切れ
ふき……8本
厚揚げ……半分
ささぎ……4本
渦巻きかまぼこ
　（えび）……4切れ

A ┌ だしつゆ（あご・昆布）…大さじ8
　└ 醤油・みりん・酒・砂糖…各大さじ1

B ┌ だしつゆ…2カップ
　│ 醤油・みりん…各大さじ1
　│ 砂糖…大さじ2
　└ 酒…大さじ3

C ┌ だしつゆ…1カップ
　│ 酒…大さじ2
　│ 砂糖・みりん・醤油…各大さじ2
　└ 塩…少々

●作り方
1 しいたけをAで煮る。
2 いものこ・こんにゃくを適当な大きさに切ってBで煮る。
3 ふき・厚揚げをCで煮る。
4 渦巻きかまぼこを一口大に切る。
5 ささぎを塩ゆでして二つに切る。
6 色よく盛りつける。

珠洲市

🍙ワンポイント
おひらは報恩講料理の一つで、塗物椀に盛られた野菜などの煮しめ（煮物）です。

ゆずの香りを楽しむ
おでん 柚子味噌風味

●材料

大根	だし昆布
こんにゃく	醤油
練り物	柚子
ちくわ	┌ 米麹味噌…1カップ
ゆで卵	A 砂糖…½カップ
じゃがいも	└ 水…1カップ

●作り方

1 柚子の皮を細かく刻み、Aの練り味噌に加えて練って柚子味噌を作る。
2 昆布をひいた鍋でだしをとる。
3 適当な大きさに切った具材を入れ、じっくり煮込む。
4 一晩おくと味がしみて美味しい。
5 柚子味噌をつけていただく。

 ワンポイント
柚子味噌は、おでんの薬味にしても、温かいご飯にのせて食べても美味しいです。

柚子味噌

塩麹で作る
煮しめ

●材料

干ししいたけ……4個	┌ 塩麹
ちくわ……1本	A いしり(薄口)
にんじん……5cm	└ グラニュー糖
こんにゃく……¼枚	┌ みりん
いんげん……4本	B 薄口醤油
水・昆布・かつお節	└ 酒

●作り方

1 干ししいたけをぬるま湯で戻し、石づきを取る。
2 ちくわは斜めに切る。
3 にんじんは1cmほどの斜め切りにする。
4 こんにゃくは塩でもんで茹で、三角に切る。
5 いんげんはすじを取り、半分にして斜め切りにする。
6 水と昆布を鍋に入れ、火にかけて沸騰する直前に昆布を上げてかつお節を入れ、弱火で30分おく。
7 A・Bを入れ、沸騰したら火を止めてあくを取る。
8 7のだし汁で、それぞれの材料を煮る。

 ワンポイント
塩糀の代わりに塩を使う場合は大さじ½にします。

冬の能登定番おかず
真子の煮付け

●材料

タラの真子……1切れ	
昆布……1枚	
梅干し……適量	
┌ 醤油…大さじ3	
A 酒…大さじ3	
└ みりん…大さじ3	
あごだし……250cc	

●作り方

1 真子はきれいに水洗いし、二腹くっついたところを切り離す。
2 鍋に昆布・梅干し・A・あごだしを入れて煮立たせる。
3 2に1を入れ、中火から弱火で煮付ける。
4 3を取り出して輪切りにし、煮汁に戻して煮含ませる。

 ワンポイント
真子(まこ)は煮てから切るのがポイント。切ってから煮るとばらばらになってしまいます。

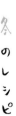

水・米・冬の日本海
山廃で蔵元の味わい

その土地で旬をいただきながら酒を味わう。ひとり旅の愉しみである。好みを問われれば「香り高く深い味わいの地酒」がいい。取材の合間、片町へ。繁華な通りから路地に入る。暖簾や提灯が垂れた小料理や居酒屋が軒を連ねる。犀川にも近い。疎水脇のしもた屋風の店に入る。「濃醇旨口」が石川の酒の特徴とか。北陸の気候風土、白山の伏流水と能登の湧水、手取川が形成した穀倉地帯‥銘醸地の酒はどれも旨い。金沢加賀には 19 蔵、能登には 15 蔵もある。最古の蔵は金沢の福光屋で寛永2年（1625 年）、奥能登の宗玄酒造は元禄21年（1768）、能登杜氏発祥の蔵と言われる。発酵食が盛んな石川で呑みたい酒がある。山廃仕込。天然の乳酸の成長をじっくり待って育てられた酵母が旨味を醸す。「蔵付き」の乳酸菌や酵母なら尚更いい。蔵元ならではの味わいがある。冬場は燗酒がいい。

❶初桜
櫻田酒造㈱
珠洲市蛸島町ソ-93
☎0768-82-0508
www.sakurada.biz

❷宗玄
宗玄酒造㈱
珠洲市宝立町宗玄24-22
☎0768-84-1314
www.sougen-shuzou.com

❸大江山
松波酒造㈱
能登町松波30-114
☎0768-72-0005
www.o-eyama.com

❶夢醸
㈱宮本酒造店
能美市宮竹町イ74
☎0761-51-3333
www.mujou.co.jp

❷農口
農口酒造㈱
能美市末寺町イ42
☎0761-57-0021
noguchishuzo.jp

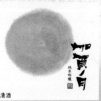

❸神泉
東酒造㈱
小松市野田町丁35
☎0761-22-230
www.sake-sinsen.co.jp

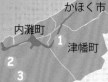

❹加賀ノ月
㈱加越
小松市今江町9丁目605
☎0761-22-5321
www.kanpaku.co.jp

❺菊鶴
合資会社手塚酒造場
小松市串町庚7
☎0761-44-1200

❻春心
合同会社西出酒造
小松市下粟津町ろ24
☎0761-44-8188
www.kinmon.jp

❼十代目
橋本酒造㈱
加賀市動橋町イ184
☎0761-74-0602
www.judaime.com

❽常きげん
鹿野酒造㈱
加賀市八日市町イ6
☎0761-74-1551
www.jokigen.co.jp

❾獅子の里
松浦酒造㈲
加賀市山中温泉本町2-ソ15
☎0761-78-1125
www.shishinosato.com

④谷泉
㈱鶴野酒造店
能登町鵜川19-64外
☎0768-67-2311
www.taniizumi.jp

⑤竹葉
数馬酒造㈱
能登町宇出津へ36
☎0768-62-1200
www.chikuha..co.jp

⑥黒松 若緑
中納酒造㈱
輪島市町野町寺山3-42
☎0768-32-1130

⑦能登誉
㈱清水酒造店
輪島市河井町1部18
☎0768-22-5858
notohomare.com

⑧金瓢 白駒
日吉酒造店
輪島市河井町2部27-12
☎0768-22-0130
www.hiyoshisyuzou.com

⑨奥能登の白菊
㈱白藤酒造店
輪島市鳳至町上町24
☎0768-22-2115
www.hakutousyuzou.jp

⑩能登 末廣
合名会社中島酒造店
輪島市鳳至稲荷町8
☎0768-22-0018
www.notosuehiro.com

⑪能登 亀泉
中野酒造㈱
輪島市門前町広瀬二5-2
☎0768-42-0008

能登の酒蔵
七尾酒造組合

❶天平
合資会社布施酒造店
七尾市三島町52-2
☎0767-53-0027

❷春山
㈲春成酒造店
七尾市今町15番地
☎0767-52-0120

❸池月
鳥屋酒造㈱
中能登町一青ケ部96
☎0767-74-0013

❹ほまれ
御祖酒造㈱
羽咋市大町イ8
☎0767-26-2320

金沢の酒蔵
金沢酒造組合

❶長生米
㈱久世酒造店
津幡町清水イ122
☎076-289-2028
www.choseimai.co.jp

❷加賀鶴
やちや酒造㈱
金沢市大樋町8-32
☎076-252-7077
www.yachiya-sake.co.jp

❸御所泉
㈲武内酒造店
金沢市御所町イ22
☎076-252-5476

❹福正宗
㈱福光屋
金沢市石引2-8-3
☎076-231-2191
www.fukumitsuya.co.jp

❺日榮
中村酒造㈱
金沢市長土塀3-2-15
☎076-248-2435
www.nakamura-shuzou.co.jp

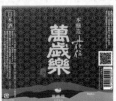

❶高砂
㈱金谷酒造店
白山市安田町3-2
☎076-276-1177
www.hakusan-takasago.jp

❷天狗舞
㈱車多酒造
白山市坊丸町60-1
☎076-275-1165
www.tengumai.co.jp

❸手取川
㈱吉田酒造店
白山市安吉町41
☎0076-276-3311
www.tedorigawa.com

❹菊姫
菊姫合資会社
白山巾鶴来新町タ8
☎076-272-1234
www.kikuhime.co.jp

❺萬歳楽
㈱小堀酒造店
白山市鶴来本町1丁目ワ47
☎076-273-1171
www.manzairaku.co.jp

ほっくりと味の染み込んだ
大根と牛すじの煮物

●材料
大根……2本
牛すじ肉（下茹でしたもの）……500g
A ┌だし汁……1ℓ
  │酒……大さじ4
  │砂糖……大さじ3
  └醤油……大さじ5

●作り方
1 大根は皮をむき、2cm厚さに切る。
2 下ゆでした牛すじ肉を一口大に切る。
3 鍋に湯を沸かし、1・2を茹でる。
4 15分くらい茹でたら流水で洗う。
5 鍋にAと3を入れ、大根に竹串が通るまで（約30分）煮る。

 ◎ワンポイント
小松市
牛すじ肉は下ゆでして油抜きします。大根も最初にゆでておくと味が染み込みやすくなります。

江戸時代からの武家料理
治部煮

●材料（5人分）
鶏（鴨）……150g
さといも……5個
すだれ麩……5枚
しいたけ……5枚
花麩……5枚
ほうれん草……100g
わさび……適宜
小麦粉……適量
だし汁……600cc
A ┌薄口醤油・濃口醤油
  │ ・みりん・料理酒…各大さじ2
  └砂糖…大さじ1

●作り方
1 肉はフォークで穴をあけ、火の通りをよくする。15切れに分け、酒少々をふりかける。さといもは皮をむいて塩でもみ洗いをして、竹串が通るくらいに茹でる。
2 すだれ麩は茹でこぼして冷ましてから縦半分にする。しいたけは飾り包丁を入れオーブンで焼く。花麩は乾燥しているものは少量のだし汁で戻す。ほうれん草は茹でてすだれで形を整え、3〜4cmに切る。
3 鍋にだし汁を入れ、さといもを加えて約2分煮てAを加え、約8分煮る。さらにすだれ麩・しいたけ・花麩を入れ、かるく沸騰させて中火〜弱火で3分ほど煮て味をふくませる。
4 3・ほうれん草を器に盛る。
5 肉に小麦粉をたっぷりまぶし、3の残り汁で煮る。
6 肉が煮えたら器に盛り、煮汁にとろみをつけてかける。わさびを天盛りにする。

冬のレシピ

 ◎ワンポイント
金沢市
鴨や鶏の肉に小麦粉をまぶしてすき焼き風に作る料理で、じぶ椀（浅い加賀漆器）に盛られるごちそうです。

■ いしりの香りがおいしさアップ
ガンドのいしり焼き

●材料
ガンド切り身……4切れ
メギスいしり……大さじ2
大根おろし

●作り方
1 いしりをガンドにまぶして30分ほどおいておく。
2 グリルで焼く。
3 大根をおろしてざるに上げ、水気をきって添える。

姫鱚いしり
メギスから作られた魚油で塩漬けした魚を醸酵熟成させたうすくちの調味料。

珠洲市

🙂**ワンポイント**
出世魚ブリの一歩手前のサイズ60cm〜80cmを「ガンド」と呼んでいます。

■ ちらし寿司やお弁当に
魚のでんぶ

●材料
タラ……2切
A
┌ 砂糖…大さじ1
│ みりん…大さじ1
│ 醤油…大さじ1
└ 塩…少々

●作り方
1 沸騰した湯にタラを入れて茹でる。
2 皮と骨を取り除き、水気をふきとる。
3 弱火で炒りながらポロポロにほぐす。
4 3が水分が飛んでふんわりしたらAを加え、味を調える。

輪島市

🙂**ワンポイント**
タイなど白身魚で作ってから食紅を加えると「桜でんぶ」になります。ちらし寿司や巻き寿司にも使います。「田麩」は佃煮の一種です。

■ まるでフォアグラ!?　酒の肴に‥ご飯のお供に‥
カワハギの肝煮

●材料
カワハギの肝
A
┌ 醤油…大さじ2
│ 酒…大さじ2
│ 砂糖…適量
└ みりん…大さじ1
しょうが………適量
水……100㎖

●作り方
1 肝は流水で洗い、水気をきる。
2 鍋にA・水を入れてひと煮立ちしたら、1とすりおろしたしょうがを入れる。
3 汁をかけ回しながら肝に火が通ったら火を止める。

輪島市

🙂**ワンポイント**
醤油と酒は1：1の割合で。肝は火が通りやすいので煮過ぎないようにしましょう。

冬のレシピ

里 山 冬 暦

さとやまふゆごよみ

暦の上では、立冬（11月7日頃）から立春（2月4日頃）前日までの季節が冬。
陰暦の十月十一月十二月にあたります。稲の収穫を終えて、田に降りていた
山の神様が山に帰ると、里ではいよいよ冬支度。正月の準備も始まります。

　もう立春だというのに初雪が降った。「いつもだと晩秋の頃には一度は舞うのに」とばば。薄雪化粧した景色は心洗われる思いがする。千代女の句。
　花となり雫となるや今朝の雪
　雪の夜は薪ストーブが一番、温いし料理もできる。燃料はどんぐり林にたっぷりある。「山の恵みをいただく代わりに林の手入れをしている」とじじ。とんがり山から続く森と家の間には小さな湧水池、柿や栗や銀杏が植わった果樹の畑がある。秋の実りを分かち合う動物と人間が共存する場。「ここがあるから里の畑まで動物が来ない」。暗黙の

緩衝地帯。住み分けの知恵である。
　ばばは熱々の男爵芋を潰して芋団子を作る。できたてをストーブにのせて焼く。ほくほくもちもちの団子餅を生姜と醤油のつけだれで食べる。団子餅と根菜と油揚げと鱒の切身を入れ、白味噌と豆乳で作る団子汁は冬の夜の定番。薪ストーブでとろとろ煮て食べる。身体がぽかぽか温まる。
　「昔は縄ぬいとか、蓑を編んだ。味噌は3年分もまとめて造りました。それと干し柿と干し大根。大寒までの間に、味噌と餅を作る。かき餅も‥」。漬物も冬の仕事だ。季節の寒暖が野菜の旨味を

引き出す。大量に取れても使い切る。「昔は季節が生活に根付いていた。必要不可欠なこと。今は手間をかけない。ひと手間で家庭の味ができるんです。梅干しは上のばあちゃんがうまい。大根は下のばあちゃん‥舌と目分量、家々のいい加減なんです」
　ぬか漬け、乳酸、糀文化、ぬか発酵文化。「発酵したものを今の人は捨ててしまう。乳酸菌の力で旨味が変わるのにね。糠を一掴み入れた大豆の茹で汁には旨味がある。冷凍して隠し味に使う」のはばあちゃんの知恵。
　まっきゃまは17世帯35人、日本で一

▲1年中枯れない湧水池

◀岩室は冷蔵庫

2
4

番小さな里山集落かもしれない。平均年齢60歳超の限界集落。明治期最盛期には70世帯もあったという集落滅亡の危機感と、先人達が築いた「棚田を守りたい」から「農事組合法人まっきゃま」が誕生した。平成30（2018）年1月のことだ。里山を愛する地元有志14人が田を営む。先人たちが築いてきた棚田、医王山の湧水、どんぐり林の養分豊かな土壌、昼夜の寒暖差‥気候風土を暮らしに取り入れ、ふるさとの自然の力を借りて自然栽培の米、固定種の野菜を育てる。

　持続可能な農業のかたちを模索する。SDGs（エス・ディー・ジーズ）＝Sustainable Development Goals＝持続可能な開発目標への取り組みも始めた。目標は里山の復活と活性化。①自然の力を借りた農業の取り組み②子供たちの感性を育む③固定種の愛情栽培‥2030年への実現に向けた3つのテーマである。

　最後の取材から戻るとコロナウイルス感染拡大が始まった。以来、早朝の山歩きとソローの『森の生活』再読が自粛生活の日課になった。トルストイが師と仰ぎ、インドの哲人ガンジーがソローに学んだという。「浪費社会と自然破壊によって地球が破局を迎えようとしている今日…ソローに耳を傾け、その知恵と人生哲学を真に学ぶべき時」と訳者が記したのは30年も前だ。

▲薪ストーブの団子汁
自然栽培まっきゃま米▶

冬の行事と農耕儀礼

11月霜月‥しもつき
15日●狩猟解禁　〜2月末
　（イノシシ、ニホンジカは11月1日〜3月31日）
20日●えびす講（加賀）
　恵比寿神を祀り、五穀豊穣・豊漁‥商売繁盛を祈願する。大売り出しが行われる
28日頃●報恩講
　親鸞上人のご恩に感謝する仏事。上人の好物とされる小豆を豆腐や野菜（地域によって異なる）と煮た「いとこ汁」や、煮しめなますなどの精進料理を食べる
12月師走‥しわす
5日●あえのこと（能登）
　田の神迎え
8日●針供養（金沢）
　使い古した針を豆腐やこんにゃくに刺して供養する。米団子の汁粉（金沢）やおはぎ、餡入りおやき団子（能登）を食べる
9日●山祭り
　山の神様が木をどう使ったか見に来る日
　御神酒などお供えして今年の収穫と安全に感謝する
　山で働く人は仕事を休む
22日頃●冬至
　かぼちゃを食べると中風・風邪にかからない

30日●田んぼのお歳暮回り（白山市）
田の水口近くに豆殻を差し、今年の収穫の感謝と来年の豊作を祈る
1月睦月‥むつき
1日●正月
　雑煮　金沢は切り餅にすまし汁、加賀は丸小餅が多く、羽咋では小豆汁、七尾では鶏の肉などが入る。珠洲ではボタノリをのせる
7日●七日正月
　お鏡をおろして、ぜんざいに入れて食べる
　七草がゆ（七種の青物をたたいて入れたかゆ）
　七種みそ（ねぶか、豆、米、みそ、塩、水、餅を炊いたかゆ）
11日●起舟祭（能登）
15日●小正月
●いなかぶ
　小豆がゆに稲株に見立てた団子を入れて食べ、豊作を祈る
●成木責め
　柿や栗の木を「成るか成らぬか、成らんと伐るぞ」と言って鉈や鎌で傷つけ、「成ります、成ります」と応えて小豆かゆを傷口にかける
2月如月‥きさらぎ
3日●節分
　炒り豆をまいて邪気を払う。豆は年の数だけ食べる

白米千枚田の記憶

旅の終わり、能登外浦を巡る。大陸からの季節風と低気圧で海は大荒れだ。迫り上がった沖から大地を飲み込む勢いでうねりが寄せる。岩に当たって砕け散る。波の華で海岸は真っ白だ。時化だと休漁、塩田も冬の期間は休眠する。唸りをあげた風が千枚田を駆け上る。1004枚の棚田は19の農家が力を合わせて切り拓いた。苦難の足跡は日本の原風景。能登の里山里海は世界農業遺産に認定された。凪の日、漁船が一斉に出漁する。寒鰤、ハタハタ、タラ、加能ガニ・香箱ガニ、甘海老‥豊穣の海が蘇る。あるがまま、自然に寄り添う人々がそこにいる。

いしかわ食紀行 ● Special Thanks

石川家。みんな家族ながや。

2019年初夏から丸一年、取材先でたくさんの方々にお世話になりました。素敵な笑顔を見るたびに出会いの情景や会話が思い浮かびます。かけがえのない豊かな風土に育まれ受け継がれてきた生活文化を今に生かし続ける心やさしい人びとはみんな家族。そこには懐かしいふる里の暮らしがありました。

金沢市

人口◉約468,400人

市の木◉ウメ　市民推奨花◉花菖蒲 サルビア 四季咲き
ベゴニア インパチェンス ゼラニウム

伝統・家並み‥藩政文化受け継ぐ用水の街

主税町茶屋街(金沢市観光協会)

加賀太きゅうり　金時草　源助だいこん　ヘタ紫なす

風土◉春夏は晴れ、秋冬は雨が多い日本海側気候。「弁当忘れても傘忘れるな」と言うほど天気の変化は目まぐるしい。雪化粧の兼六園や武家屋敷跡には風情が漂う。高い湿度は漆塗りや金箔製造に適した。加賀藩前田家の城下町で、加賀友禅・金沢箔・九谷焼や能楽・加賀万歳などの伝統が受け継がれてきた。五代藩主綱紀は国中から学者や書物を集めて学問を奨励、「加賀は天下の書府」と称えられた。戦災や災害を免れて残った藩政時代の街並みは貴重な財産である。市内には犀川や浅野川、湧水もある「用水のまち」でもある。市街から海や山も近く、自然にも恵まれている。

祭事◉金沢百万石まつり(6月5〜7日)北國花火大会(7月下旬)

特産◉加賀鶴(やちや酒造)御所泉(武内酒造店)福正宗(福光屋)日榮(中村酒造)

七尾市

人口◉約52,100人

市の木◉マツ　市の花◉ナノハナ

七つの尾根に築いた城と豊かな里海と‥

箱名の入江(能登島まあそい)

中島菜　ハチメ　能登ガキ　のと米 ゆめみずほ

風土◉七尾湾は能登島をはじめ変化に富んだ海で定置網漁が盛ん。島周辺には藻場や岩礁が多く、カキやナマコをはじめマダラ・トラフグの産卵場など多様性のある漁場。山々に囲まれ入り組んだ海岸線から森の養分が供給される豊かな里海である。戦国時代、能登国の守護・畠山氏が築いた七尾城は地の利を生かし、七つの尾根筋を中心に曲輪(くるわ)を連ねた山岳城。市名の由来である。その麓に城下の町並みが作られた。

祭事◉三引の獅子舞(三引町／4月・10月)住吉大祭(田鶴浜町／4月)青柏祭(市街中心部／5月3〜5日)塩津かがり火恋祭り(中島町塩津／7月)能登島向田の火祭(能登島向田町／7月)石崎奉燈祭(石崎町／8月)

特産◉天兵(布施酒造店)春山(春成酒造店)

小松市

人口●約108,500人

市の木●マツ　市の花●ウメ

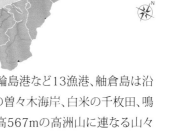

桜生水と木場潟と自然に恵まれた産業都市

木場潟（こまつ観光物産ネットワーク）

小松トマト　にんじん　蛍米 ゆめみずほ　おおむぎ

風土●県西南部に広がる穀倉地帯・加賀平野の中央に位置し、産業都市として発展した。東に霊峰白山、麓の裾野には緑の丘陵が続く。森林率は70％。ぶな林に覆われた山地には里山が残る。平野部は田園地帯、区割りの田と住宅地を縫うように梯川が安宅の海に注ぐ。太古の姿を残す木場潟は水生生物や水生植物など環境学習の場でもある。河田町地区の湧水桜生水（さくらしょうず）は白山の伏流水で「平成の名水百選」。養老2年に開かれた粟津温泉、小松飛行場などがある。

祭事●かぶと祭り（多太神社／7月下旬）おっしょべ祭り（粟津温泉／8月下旬）安宅祭り（安宅住吉神社／9月7日〜9日）

特産●神泉（東酒造）加賀ノ月（加越）菊鶴（手塚酒造場）農口（農口尚彦研究所）春心（西出酒造）

輪島市

人口●約26,900人

市の木●アテ　市の花●ユキワリソウ

海岸線は国定公園‥漆と禅と平家の里

能登半島地震後、復興した門前町の家並み

アワビ　イカ　ノドグロ　ギンバサ

風土●外浦の海岸線は国定公園である。輪島港など13漁港、舳倉島は沿岸漁業の拠点である。「能登の親知らず」の曽々木海岸、白米の千枚田、鳴き砂の琴ヶ浜などは国の名勝。最高峰標高567mの高洲山に連なる山々が海に迫り、丘陵を源にする小河川が平野を作る。森林率76％。中世に曹洞宗本山總持寺が開かれ、北前船の世紀には「親の湊」と呼ばれ海上交通の要衝、江戸中期に漆器業が盛んになった。朝市は平安朝から続く。

祭事●アマメハギ（五十洲・皆月／1月上旬）もっそう飯（久手川町／2月）キリコ祭り（輪島・名舟・曽々木・水無月祭り・劔地八幡神社大祭）大幡郷社祭（三井町／5月3日）門前まつり（總持寺祖院、櫛比神社／7月18・19日）

特産●若緑（中納酒造）亀泉（中野酒造）能登誉（清水酒造店）白駒（日吉酒造店）白菊（白藤酒造店）末廣（中島酒造店）

珠洲市

人口◉約14,400人

市の木◉アカマツ　市の花◉ツバキ

揚浜式塩田の外浦と見附島の内浦と‥

珠洲岬の眺望

能登牛　　カニ　　ノドグロ　　珠洲米

風土◉半島の先端に明治16年に点灯された禄剛埼(ろっこうさき)灯台がある。日本海からの季節風が吹く外浦と富山湾に面した内浦の海岸線は国定公園。飯田港など11漁港ある。古くから出雲や佐渡との海上交通の要地。江戸時代は北前船で賑わい製塩も繁栄した。森林率約74％で、住宅地は内浦の平野部に集中する。米・小豆の栽培や酪農、能登瓦・珪藻土製品が特産品。須須神社の木造男神像は国の重要文化財で社叢は天然記念物。「あえのこと」は国の重要無形民俗文化財、揚浜製塩用具は重要有形文化財。「珠洲のうみに朝びらきして漕ぎくれば長浜のうらに月照りにけり」天平20年、越中国司の大伴家持が詠んだ歌碑が春日神社境内にある。

祭事◉キリコ祭り(宝立七夕・飯田灯籠・寺家・蛸島・正院)

特産◉初桜(櫻田酒造)宗玄(宗玄酒造)麦焼酎 虎の涙(日本発酵化成)

加賀市

人口◉約66,900人

市の木◉スギ　市の花◉ハナショウブ

豊かな自然と古き良き日本の原風景

加賀東谷地区(石川県観光連盟)

ルビーロマン　加賀梨　香箱カニ　甘エビ

風土●金沢平野南端の江沼盆地に位置し、標高1368mの大日山北西斜面にある。東部と南部は山林で森林率は69％。原生林の鹿島の森は国の天然記念物で、大日山一帯は山中・大日山県立自然公園。大日山が水源の大聖寺川と動橋川流域に市街地が広がる。日本海に面した海岸線は越前加賀海岸国定公園で、海岸線に沿って砂丘台地、その内側に穀倉地帯が広がる。農業は稲作が中心。片野鴨池はラムサール条約登録湿地である。中心市街地は大聖寺で江戸時代から交通の要地。藩政時代から炭焼きで栄えた加賀東谷地区には明治以降に建てられた赤瓦葺き古民家が残る。

祭事●御願神事(大聖寺菅生石部神社／2月10日)山代大田楽(山代温泉服部神社山代温泉観光協会／8月)ぐず焼き祭り(動橋町振橋神社／8月)

特産●大日盛(橋下酒造)常きげん(鹿野酒造)獅子の里(松浦酒造)

羽咋市
人口◉約21,500人

千里浜は国定公園、気多大社の森は天然記念物

千里浜の海岸線

すいか　白ねぎ　りんご　神子原米

風土●邑知潟平野の南西部に位置し、西部は日本海沿いの海岸砂丘、東部は宝達丘陵が占める。昭和29年羽咋町と上甘田・一ノ宮・越路野・富永・粟ノ保・千里浜の6村と下甘田村の一部が合併、さらに邑知町と余喜・鹿島路両村が合併。農業は稲作を中心に果樹や野菜などの栽培が行われている。能登一宮の気多大社と前田家建立の妙成寺では多くの建物が重要文化財に指定されている。なぎさドライブウェーがある千里浜の海岸線一帯は能登半島国定公園。市域西部の気多大社社叢は天然記念物である。

祭事●追儺の豆まき（正覚院／2月3日）平国祭（気多大社／3月18〜23日）大祓式・茅の輪くぐり（気多大社／6月30日）長者川渡御（羽咋市街／9月中旬）気多大社・鵜祭（気多大社／12月16日）

特産●ほまれ（御祖酒造）

かほく市
人口◉約35,400人

山・丘陵・段丘・沖積低地・海岸砂丘・日本海へ

海岸線に沿う市域（いしかわ暮らし情報ひろば）

高松ぶどう

かほっくり

高松紋平柿　河北潟ポーク

風土●県のほぼ中央に位置し、西に風光明媚な日本海、北は宝達志水町、東は津幡町に、南は内灘町に接する。東から西に向かって山地・丘陵地・段丘地・沖積低地・海岸砂丘地で形成され、北部では大海川が日本海に、南部では宇ノ気川が河北潟に注いでいる。古代には内陸部での農業や日本海沿岸部での漁業を生活の糧として集落が形成され、江戸時代には能登と加賀を結ぶ交通の要衝として宿場町が形成されるとともに、廻船・水産業が行われた。明治に織物業が定着し、その後、繊維工業を主要産業として市街化が進んだ。

祭事●宵宮行列（白尾地区／4年に1度7月下旬）柿の木いため（瀬戸町柿団地／1月）虫送り（内日角・指江・狩鹿野／7月中旬）

特産●砂丘地長いも　高松ぶどう　かほっくり　紋平柿　すいか

白山市

人口◉約113,500人

市の木◉ブナ　市の花◉アサガオ

白山から日本海へ、手取川の水が循環する

「しらやまさん」と親しまれる白山比咩神社

金時草　　　丸いも　　　ブロッコリー　　こしひかり

風土◉標高2702mの白山から日本海へ注ぐ手取川流域に広がる。日本海の影響を受けて積雪が多い。水の循環が生み出されていることから全域が白山手取川ジオパークに認定されてる。下流域の扇状地に広がる平野部には北陸街道の宿駅が置かれ、河口の美川は北前船の寄港地として発展した。扇状地の要にある鶴来は白山麓の玄関口で、加賀一宮の白山比咩神社、金劔神社が建立、古くから市が立って栄えた。扇状地は早場米の産地、山間部では蕎麦を産する。住みやすさランキングは全国1位。

歳事◉はなしずめ夜桜詣(4月中旬　白山比咩神社)白山まつり(7月　白峰温泉総湯前広場)ほうらい祭り(10月上旬　金劔神社)

特産◉高砂(金谷酒造店)天狗舞(車多酒造)手取川(吉田酒造店)菊姫(菊姫)萬歳楽(小堀酒造店)　特別栽培米(千代の里・比咩の米)

能見市

人口◉約50,100人

市の木◉ーー　市の花◉ーー

穀倉地帯に点在する古墳群と九谷焼

単独丘陵の古墳群(能美市立博物館)

加賀丸いも　　国造ゆず　　かぼちゃ　　加賀百万石

風土◉金沢平野のほぼ中央に位置し、手取川左岸の扇状地に西部は日本海に面している。平野部では稲作とともに江戸時代以来の織物業が盛ん。手取川と梯川に挟まれた扇状地が広がる。伝統工芸九谷焼の主産地としても有名な寺井地区には国指定史跡の和田山・末寺山古墳群、秋常山古墳群がある。南東部は白山山系に連なるなだらかな能美丘陵が続く。平均気温は15℃。夏は暑く、冬は雪が多い。北西からの季節風の影響を受ける日本海側特有の気候である。

歳事◉吉原釜屋盆迎えおしょうらい(8月13日吉原釜屋海岸)能見ほっこりまつり(10月中旬仏大寺町)九谷陶芸村まつり(11月上旬九谷陶芸村)

特産◉夢醸(宮本酒造)　姫九谷・虚空蔵米(こしひかり)

野々市市
人口●約55,100人

住みやすさ全国3位の県内一小さい田園都市

街並み（いしかわ暮らし情報ひろば）

キウイフルーツ　　ヤーコン　　穂っぺちゃん

風土●金沢平野の中央部、南北に細長い田園都市である。県内一面積が狭い市である。昭和4年町制以後、富奥村と合併、郷村の一部を編入、平成23年市制を施く。中世には富樫氏の居館が置かれ、加賀北部の中心地。江戸時代は北陸街道の宿駅。明治期に全国にさきがけて耕地整理を行い、加賀米生産の中心地になった。金沢市に隣接するため中小工場が進出、都市化が進展した。市街地の近郊では農業が盛んで、金沢への野菜供給地。国史跡に末松廃寺跡・御経塚遺跡、国の重要文化財に喜多家住宅がある。富樫氏の業績をうたった郷土芸能じょんがら節が知られる。住みやすさランキングは全国3位。

歳事●虫送り（7月中旬 奥富・御経塚・押野）じょんからまつり（8月上旬）

特産品●ichi椿（中村酒造）　かぶら寿し　だいこん寿司

川北町（能見郡）
人口●約6,200人

手取川の恩恵と受難を越えた米どころの町

手取川扇状地（いしかわ暮らし情報ひろば）

いちじく　くろべえなす　次郎柿　こしひかり

風土●昭和55（1980）年町制施行。白山を水源として加賀平野を流れる手取川右岸に沿った狭長な扇状地にある町。町域のほとんどが田んぼと畑。のどかな田園風景が広がっている。昭和9（1934）年の洪水で大被害を受けた。集落は微高地に立地し「島」のつく地名が多い。近世に新田開発が進められた。早場米の産地で、大型機械を導入して農業の近代化が進む一方、扇状地の砂利採取も盛んである。休耕田を利用して麦や豆類を栽培、地元で収穫した作物から地ビールなどを作っている。江戸時代から伝わる加賀雁皮紙や勇壮な加賀獅子舞など素朴な伝統が今も息づく。

歳事●川北まつり〜手取の火まつり〜（8月上旬 手取川河川敷）

特産●地ビール（コシヒカリエール）　いちじく太鼓　加賀雁皮紙

津幡町（河北郡）

人口◉約37,600人

Tsubata-Town

町の木◉マツ　町の花◉ツツジ

河北潟の「津の端」、町の真ん中は森林公園

道の駅 倶利伽羅塾

まこもたけ　　しいたけ　　ヤーコン　　倶利伽羅米

風土●河北潟の「津の端」は中世からの地名。東部には低い丘陵性山地が連なり、谷間の土地が枝状に発達している。西部には幅2〜3kmの平坦地が広がり、県内最大の河北潟に続いている。富山県との県境は倶利伽羅峠、木曾義仲が火牛の計を用いた源平の古戦場がある。津幡・竹橋は北国街道の宿場町として発達し、津幡には河北郡役所も置かれたことがある。農業は兼業農家が大半で主軸は稲作。特産品では真菰筍や椎茸の栽培、ヤーコンやヤブツルアズキの加工品などがある。町の中央には本州有数の規模を誇る石川県森林公園が広がっている。

祭事●津幡四町獅子舞頭合せ（9月中旬 清水地内）能瀬四町獅子舞頭合せ（9月下旬 能瀬地区）中条四町獅子舞頭合せ（10月上旬 中条地区）

特産●長生舞（久世酒造）　おまん小豆　笹餅

内灘町（河北郡）

人口◉約26,700人

Uchinada-Town

町の木◉クロマツ　町の花◉ハマナス

日本海と河北潟、連峰を望む砂丘の町

河北潟

れんこん　　すいか　　なし　　まっしろぺっぺ

風土●日本海と河北潟の間の砂丘地帯に位置する。白山・立山連峰を望む砂丘の町である。森林率は約11％。昭和38年に着工された干拓事業は46年に完了した。当初、水田としての利用が目的だったが、減反政策により土地利用計画が畑に変更、酪農団地の入植を皮切りに61年から本格営農となった。海抜は平均でマイナス2m。年平均気温14.1℃、夏季は高温多湿。河北潟干拓地である湖西地区は中核的農家の野菜づくりや酪農が盛ん。生乳の出荷量は県内の約4割をしめている。自家消費型の農家が大半を占める。約9kmの海岸線にある内灘海岸は海水浴やマリンスポーツ、海に沈む夕陽を眺める景勝地である。

祭事●海開き（7月）小濱神社秋季祭礼（10月下旬）

特産●内灘産こしひかり「まっしろぺっぺ」　乳製品

志賀町（羽咋郡）

人口◉約20,400人

町の木◉モチノキ　町の花◉ハマナス

変化に富んだ外浦の海岸と高爪山の丘陵地

能登牛の富来放牧場

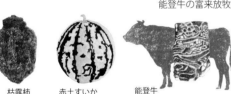

枯露柿　　赤土すいか　　能登牛

風土●半島中央部に位置し、東部は日本海（外浦）に面している。福浦港から関野鼻まで約30kmの断崖が続く海岸線は「能登金剛」で、能登半島国定公園。増穂浦・高浜・志加浦など白砂青松の海岸も多い。また福浦港・高浜・富来など12漁港がある。高浜は若狭の漁民が移住して開いた地。標高341mの高爪山は山容から「能登富士」と呼ばれ、神体山として信仰を集めた。丘陵地帯には能登牛の富来放牧場やリゾート地がある。農業は稲作のほかスイカや枯露柿が特産。原子力発電所が平成5年に運転を開始した。

祭事●キリコ祭り（西海祭り・富来八朔祭礼）福浦祭り（猿田彦神社秋季祭礼）酒見大祭（8月中旬）おしょうらい（8月13日海岸線の各地区）大漁起舟祭（2月中旬 富来漁港）

特産●志賀米　加能ガニ　甘えび　潮風ごぼう　能登金時

宝達志水町（羽咋郡）

Hodatushimizu-Town

人口◉約13,200人

町の木◉――　町の花◉――

宝達山丘陵に続く扇状地は稲作・砂丘地では葡萄

宝達山（宝達山本舗松月堂）

ちんげん菜　ミニトマト　ルビーロマン　ねぎ

風土●東部は宝達山丘陵地、中央部は子浦川・長者川・相見川・宝達川・前田川流域に広がる扇状地、外浦に面した西部は海岸砂丘地、山と川と海に囲まれた自然豊かな地域である。町域の森林率は約64％。能登半島の最高峰、標高637.1mの宝達山は水源の森100選の一つ。扇状地帯では稲作、砂丘地帯ではブドウの栽培が行われている。能登半島国定公園の海岸線は千里浜海岸として親しまれている。2005年、志雄町と押水町が合併、誕生。子浦は七尾街道の宿場町として栄えた。

祭事●宝達山開山祭（4月中旬 宝達山手速比咩神社）子浦出雲神社獅子舞（9月下旬 子浦出雲神社）

特産●宝達葛　はとむぎ　米（弘法米・所司原米・末森城麓米・宝志米・ほうだつ山麓米・自然栽培米 結）

中能登町（鹿島郡）

Nakanoto-Town

人口◉約18,000人

町の木◉サクラ　町の花◉石動山ユリ

緑の丘陵地に挟まれた田園地帯はどぶろく特区

ゆるやかに時間の流れる空間（なかのとスローツーリズム）

中能登米　　能登豚　　大豆

風土●東の石動山、西に眉丈山の丘陵に挟まれた邑知地溝帯の平野部。日本の原風景とも言える田園地帯と丘陵地の緑や河川など自然環境、旧街道沿いの集落や神社・寺院群などを舞台とした伝統文化を受け継ぐ。平成26年「どぶろく特区」の認定を受けた。農家民宿や農家レストランなどを含む農業者による「どぶろく」製造が可能となった。どぶろく醸造が認められている神社が全国約30社のうち能登國二ノ宮天日陰比咩神社・能登部神社・能登比咩神社が町内にある。西部にある雨の宮古墳群と東部の石動山は国指定史跡。

祭事●三番叟（4月中旬 能登比咩神社）石動山開山祭（7月7日 伊須流岐比古神社拝殿）ばっこ祭り（11月17〜21日 中旬能登部神社）

特産●池月（鳥屋酒造）どぶろくさえさ・伊勢光米・ころ柿・あんぽ柿

穴水町（鳳珠郡）

Anamizu-Town

人口◉約8,900人

町の木アテ　町の花◉ササユリ

農耕儀礼や里山景観は古き良き日本の原風景

沖波大漁祭り（穴水町）

牡蠣　　サザエ　　イサザ　　能登牛

風土●北部と西部は能登丘陵の一部、九十九湾に面した南部は波静かなリアス式海岸が続く。町域の大部分は丘陵地と台地で森林率は約74％、平地は谷あいに点在する。冬には降雪があるが丘陵が風をさえぎるため、穏やかな気候である。年平均気温約13度。飛鳥時代に創建された白雉山明泉寺、平安時代に創建された勅定山来迎寺など古代より繁栄していたものと思われる。鎌倉〜戦国時代は、能登國地頭長谷部（長）氏の領地として能登國有数の要所であった。明治以降、町村合併により、昭和30年現在の穴水町の姿となった。農林水産業が主産業で、世界農業遺産に認定された「能登の里山里海」に含まれている。

祭事●三木原の鯖踊り（4月4日）宇留地の虫送り（6月29日）沖波大漁祭り（8月14・15日）キリコ祭り（明千寺・中居・大町・岩車）

能登町（鳳珠郡）

人口◉約17,200人

Noto-Town

町の木◉モチノキ　町の花◉ノトキリシマ

感謝と信仰‥民俗風習受け継ぐ農林水産の町

とも旗祭り（能登町）

のと寒ブリ　　スルメイカ　　能登牛

風土●富山湾に面した海岸線の大半は能登半島国定公園。外浦の海食景観に対して、内浦の湖水のような景観は美しい。北西端にはブナ林がある標高543mの鉢伏山をはじめ町域の約8割が丘陵地で、海岸段丘が発達している。特に東側は天然の良港を形成、豊かな自然環境に恵まれる。四季が明瞭で、降雪も多いが年平均気温は13℃前後で住みよい風土である。古くから漁業が行われ、旧柳田村、町野川中上流地域や旧内浦町一帯では、中世に広大な荘園が開発されたところ。自然への感謝や神への信仰心が篤く、キリコ（切子奉灯）祭りや民俗風習が受け継がれている。

祭事●あまめはぎ（2月3日秋吉・宮犬・清真・河ヶ谷）あえのこと（12月5日・2月9日合鹿・国重）あばれ祭り（7月第一金・土／宇出津）

特産●大江山（松波酒造）谷泉（鶴野酒造店）竹葉（数馬酒造）

冬の日本海と揚浜式塩田（珠洲市清水町）

五十音順料理さくいん

市民の台所　近江町市場

加賀地方

竹の浦館 4〜11月
9:00〜17:00　休水曜
☎0761-77-8808
○加賀市＝大聖寺瀬越町イ 19-1
◉www2.kagacable.ne.jp/~musojuku/

舟見ええもん市 4〜11月
第2・4日曜 12月第2日曜
☎0761-77-8808
○加賀市水田丸町地内（柏野大橋横）

シルバー元気市 4〜12月
☎0761-73-2456
かが交流プラザさくら＝土曜 8:00〜10:00
○加賀市大聖寺八間道 65
　シルバー人材センター横 駐車場

片山津街湯前＝日曜 7:30〜10:30
○加賀市片山津温泉乙 65-2
　片山津温泉 街湯前広場
◉webc.sjc.ne.jp/kaga/activity_3

はづちを がわ市 3〜12月
第1・3日曜 7:00〜8:00
☎0761-77-8270
○加賀市山代温泉 18-59-1 オープンデッキ
◉www.hadutiwo.com

ゆざや朝市（湯座屋市） 4〜12月
☎0761-78-0850
○加賀市山中温泉湯の出町湯の曲輪
🅕@yuzayaasaichi

栢野大杉茶屋 4月20日〜12月20日
☎0761-78-5489
○加賀市山中温泉栢野町ト 10-1
◉kusadango.seesaa.net/

船乗場ええもん市 3〜11月
☎0761-72-6662　休火曜
○加賀市大聖寺八間道 87

道の駅 山中温泉 ゆけむり健康村
☎0761-78-5620
○加賀市山中温泉こおろぎ町イ 19
◉yukemuri.kagashi-ss.com/michinoeki/

JAグリーン加賀 元気村
☎0761-75-7100　休冬季火曜
○加賀市作見町ホ 10-1
◉www.is-ja.jp/kaga

山野草かふぇ 4〜11月日曜
☎0761-78-3423
○加賀市山中温泉荒谷町ヌ 57

JA 根上直売所 いきいき市
☎0761-55-5813
○能美市大成町リ 40(JA 根上資材館)
◉www.is-ja.jp/neagari/

JAグリーン能美 能美の市
☎0761-57-4831
○能美市粟生町あ 1
◉www.is-ja.jp/jag-nomi/

いわうちマルシェ
○能美市岩内町 1276-1（ローソンに併設）

中ノ峠物産販売所
☎0761-47-5263　休水曜
○小松市中ノ峠町ヌ 103 乙

せせらぎの郷 ござっせ市
☎0761-46-1919
○小松市瀬領町丁 1-1
◉www.city.komatsu.lg.jp/4594.htm

JAあぐり
☎0761-43-0351　休火曜（1～2月）
○小松市日末町い 59-1
◉www.ja-komatsushi.or.jp/market/

こまつ食彩工房朝市
毎月土曜（小松市広報に掲載）
☎0761-44-1436
○小松市西軽海町 2-204-11

きのこの里
☎0761-47-4140
住所○小松市中海町 10-82
◉nomura-nousan.co.jp/

道の駅 こまつ木場潟
旬菜市場 じのもんや
☎0761-25-1188　休水曜（1～2月）
住所○小松市蓮代寺町ケ 2 番地 2
◉michinoeki-kibagata.com/

わくわく手づくりファーム川北
産直物産館
☎076-277-8989　休火曜（年末年始）
○能美郡川北町壱ツ屋 183-3
◉wkwkfarm.com/

美川のあさ市 4～11月
第 1 日曜（10月第 2 日曜）
☎076-278-8131
住所○白山市美川中町ロ 221-1 美川コミュニティプラザふれ愛（JR 美川駅）

松任ふれあい朝市
☎076-275-0251　　日曜
○白山市殿町 62-1

むっつぼし松任本店
☎076-276-6287　休水曜
○白山市橋爪町 104
◉rokusei.net

JA白山よらんかいねぇ広場
☎076-273-3002
○白山市井口町に 58-1
◉ja-hakusan.jp/

道の駅 一向一揆の里
食彩館せせらぎ
☎076-254-2888　休月曜（11月中旬～GW）
○白山市出合町甲 36
◉www.asagaotv.ne.jp/~seseragi/

にわか工房
☎076-255-5930
○白山市三ツ屋野ト 3-7
◉www.niwakakoubou.jp

河内地場産業センター
☎076-273-1190　休水曜
○白山市河内町福岡 124

ふれあい市白峰直売所 4～11月土日
☎076-259-2031
○白山市白峰二 2-2

きときと朝市 4中旬～10月
☎076-278-2144　休シケ
○白山市美川永代町地内
　JF いしかわ　美川支所
◉ikgyoren.jf-net.ne.jp/motenashi/mikawa/

JAグリーン松任 まいどさん市場
☎076-274-2233　休火曜（11～3月）
○白山市倉光 4 丁目 40
◉is-ja.jp/matto/service/maidosan.html

工芸の里 山法師 5～11月
○白山市吉野春 29（吉野工芸の里）
◉kougeinosato.or.jp/introduce.html

いっぷく処 おはぎ屋
☎076-272-5510
○白山市白山町レ 122-1

道の駅 瀬女
白山観光物産センター
☎076-256-7172　休水曜（12～5月）
○白山市瀬戸寅 163-1
◉@hakusancitychiikikousya

（株）牛乳村夢番地
☎076-274-3698　休火曜
○白山市向島町 760-1
◉gyunyumura.net

プララ直売会 プ・ラ・ラ ACOOP 富奥
☎076-246-1178
○野々市市粟田 1-266
◉jacom-ishikawa.acoop.jp/

近江町市場
☎076-237-1462
○金沢市上近江町 50
◉omicho-ichiba.com

犀川おはよう市場 4月中旬～11月土曜
☎076-229-1457
○金沢市末町 6-67-1(犀川公民館駐車場)

医王 Y・Y 食品
☎076-236-1516
○金沢市二俣町い 39

旭日やさい村 4月下旬～11月日・木曜
☎076-257-5683
○金沢市朝日牧町地内（朝日牧町バス停前）

ゆわく朝市組合 4月下旬～12月上旬
☎076-235-8033　休水・日曜
○金沢市湯涌荒屋 47 金沢湯涌 みどりの里

みちづれ
金・土・日曜
☎076-236-1062
○金沢市二俣町佐 5-1

ほがらか村 本店
☎076-237-0641
○金沢市松寺町未 59-1
◉hogarakamura.com

ほがらか村 崎浦店
☎076-262-6590
○金沢市小立野 3-28-12
◉hogarakamura.com

ほがらか村 野田店
☎076-245-4602
○金沢市野田町ム 94 番地 1
◉hogarakamura.com

金沢港いきいき魚市
☎076-266-1353　休水曜
○金沢市無量寺町ヲ 52
◉ikiiki.or.jp

JAグリーン金沢
☎076-268-8714
○金沢市専光寺町ロ 114-3
◉ja-agli.co.jp/jagreen.html

304 水芭蕉会 6月～12月中旬・日曜
☎076-257-6023
○金沢市東原町　旧国道 304 号線沿い
　東原駐車場マチオモイ向い

ごんでん朝市 5月下旬～11月・日曜
☎076-257-5107
○金沢市北方町　直江谷会館

とのさま街道直売所
☎0763-58-1377　休水曜
○金沢市砂子坂 24 字 7 番

むつぼしマーケット
☎076-272-8181
○金沢市長坂 2 丁目 24-3

夢ミルク館
（ソフトクリーム・ヨーグルトなど）
☎076-255-1369　休木曜
○金沢市内灘町字湖西 243
◉yumemilk.co.jp

道の駅 内灘サンセット
産直ふれあい市場
☎076-282-7080
○金沢市内灘町字大学 1-4-1

河合谷の郷即売所 5月～12月
☎076-287-1300　休水曜
○津幡町字上大田和 1

道の駅 倶利伽羅塾
倶利伽羅塾
☎076-288-8668
○津幡町字竹橋西 270 番地
◉kurikara.org/

生産者直売所 そくさいかん
○津幡町舟橋 253　休火曜（1～2月）
◉is-ja.jp/kahoku/jagreen/index.html

能登の台所　輪島朝市

能登地方

道の駅 いおり 灘わくわく市場
☎0767-59-1415　休木曜
○七尾市庵町笹ヶ谷内 3-1

ふるさと五穀園
（旧：藤瀬霊水公園直売所）
☎0767-66-2500
○七尾市中島町字藤瀬 19-38

松島キャンプ場直売所 7月〜8月
☎0767-84-1661
○七尾市能登島野崎町 87-48
　（体験農園施設）

道の駅 のとじま 交流市場
☎0767-84-0225　休木曜（12〜3月第2週）
○七尾市能登島向田町 122-14
●notojima-michinoeki.com/

わくら朝市 日曜・祭日
☎0767-53-0834
○七尾市和倉町ワ 5-1 和倉温泉総湯前
●wakura.or.jp/sightseeing/morningmarket

JA グリーン わかばの里
☎0767-54-0202
○七尾市矢田新町イ 6-7
●ja-notowakaba.jp/service/wakaba.html

道の駅 能登食祭市場 朝市 土・日曜
（旧ふぞろい野菜市）
☎0767-52-7071　休火曜
○七尾市府中町員外 13-1
●shokusai.co.jp

ツインブリッジうるおい公園
☎0767-66-2660
○七尾市中島町字長浦ナ 111

のとちゃん
☎0767-66-1725　休火曜
○七尾市中島町浜田壱部 83-1

魚工房 旬
☎0767-58-1350　休日曜祝日
○七尾市鵜浦町 9-38-2（鵜浦漁港内）
●kadoshimateichi.com

スギヨファーム直売所
☎0767-54-0007　休火曜（冬季）
○七尾市府中町員外 27-1
●http://sugiyofarm.jp/

神子原農産物直売所 神子の里
☎0767-26-3580　□木曜（1〜2月）
○羽咋市神子原町は 190
●http://mikohara.com

JA グリーン はくい
☎0767-26-8741　休火曜（1〜2月）
○羽咋市太田町と 80
●is-ja.jp/hakui/green.html

道の駅 織姫の里 なかのと
☎0767-76-8000　休第1・3木曜（1〜3月）
○中能登町井田ぬ部 10 番地 1
●orihime-nakanoto.jp

道の駅 とぎ海街道
☎0767-42-0975
○志賀町富来領家町夕 2-11
⦿togi-michinoeki.com

道の駅 ころ柿の里しか 旬菜館
☎0767-32-4831
○志賀町末吉新保向 10
⦿syunsaikan-shika.jp

てんと市 第 4 火曜（12 月第 2 火曜）
☎0767-37-1259
○志賀町末吉新保向 10
　旬菜館の建物の前

志賀町生産物直売所
☎0767-36-1238
○志賀町倉垣子 6-4

所司原青空おばちゃんの店
　　第 2 火曜（3~12 月）
☎0767-29-4266
○宝達志水町散田（仮設テント）
　古墳の湯大型駐車場・古墳の湯フロア

押水特産直売所
☎0767-28-3998　休木曜（3~6 月）
○宝達志水町宿 26-43

フリーマーケット常設店
よっていかんけ！
☎0768-23-8033　休土・日曜・祝日
○輪島市河井町 15-13-17
　輪島市シルバー人材センター 1 階

曽々木地物市 日曜
○輪島市町野町曽々木 45-1
　（曽々木観光協会 前）

能登國輪島地物市
☎0768-32-0404
○輪島市河井町 20-1 わいち通り
※朝市の定休日 10・25 日午前 8 時~11 時
⦿wajima.ne.jp/jimonoichi/
（土・日曜祝日は道の駅輪島ふらっと訪夢
でも開催）

輪島朝市
☎0768-22-7653　休10 日・25 日
○輪島市河井町本町通り
⦿asaichi.info/

道の駅 赤神
☎0768-45-1001　休火曜
住所○輪島市門前町字赤神壱 110

Aコープもんぜん産直コーナー
☎0768-42-1000
○輪島市門前町本市 12-117-1

まいわぁー直売所 6~11 月 水・日曜
☎0768-26-1353
○輪島市三井町洲衛
　（ファミリーマート向かい）

村の地物市　休水曜
☎0768-22-8316
○輪島市渼見町大谷地内
　（国道 249 号線沿い）

JAグリーン能登おおぞら村 輪島
☎0768-23-4500
○輪島市河井町 23-1-42

寄り道パーキング 金蔵
☎0768-32-0690
○輪島市町野町金蔵ワ 72-1

道の駅 千枚田ポケットパーク
☎0768-34-1242
○輪島市白米町ハ 99-5

グリーンセンターすず
☎0768-82-2132　休日曜（1~2 月）
○珠洲市飯田町 8-56-2
⦿is-ja.jp/suzu/

朝とり市場 6~11 月火・金曜 3~5,12 月火曜
☎0768-82-0409
○珠洲市正院町正院 21-73
　（JA すずし正院支店 内）

道の駅 狼煙　交流施設 狼煙
☎0768-86-2525
○珠洲市狼煙町テ 11

道の駅 すずなり
☎0768-82-4688
○珠洲市野々江町シ 15
（旧のと鉄道珠洲駅 内）
⦿https://notohantou.jp/

飯田彩り市場
☎0768-82-3700　休日曜
○珠洲市飯田町 15-12

寄り道パーキング 寺家 4~12 月土・日曜
☎○0768-88-2808
○珠洲市三崎町寺家 154-4

道の駅 すず塩田村 塩蔵市場
☎0768-87-2040
○珠洲市清水町 1-58-1

Aコープ内浦産直売コーナー
☎0768-72-2060　休第 3 日曜
○能登町松波 10-54 甲 1

のと愛菜市場 5~12 月土・日曜祝日
☎0768-67-1533
住所○能登町字柏木 5-240

道の駅 桜峠
☎0768-76-1518　休水曜
○能登町字当目 2-24-24
⦿michi-no-eki.jp/stations/view/469

なごみ農林水産物直売所
☎0768-67-8200　休月曜
○能登町字七見ツ 100
⦿noto-tourism.com/tennis/nagomi.html

むうぶめんとファーム
☎0768-76-1540　休水曜（冬季午前）
○能登町字中斉レ部 8-2（JA 給油所隣）

JA内浦町農産物直売所
おくのといち
☎0768-72-2678
○能登町行廷 260（北鉄不動寺バス停 前）
⦿is-ja.jp/uchiura/torikumi/index.html

Aコープ能都店産直コーナー
☎0768-62-2229
○能登町字宇出津ト 16-1（A コープ能登 内）
⦿ohzora.is-ja.jp/magokoro/acoop.html

日本海倶楽部 御迎市 6~11 月土・日曜
☎0768-72-8181
○能登町字立壁 92

鮭尾直売所
○能登町鮭尾 6-55-1
　寄り道パーキング春蘭の里 内

能登町観光情報ステーション
たびスタ
☎0768-62-8530
○能登町字宇出津ト 29-2

味知の駅能登 能海山市場
☎○0768-76-1139
○能登町天坂ろ 51

のと夢づくり
☎0768-67-2421　休月・水・金曜
○能登町柏木 69

JAグリーン能登おおぞら村 穴水
☎0768-52-3810
○穴水町此木 3-33-2
⦿ohzora.is-ja.jp/magokoro/ohzoramura.html

根木ぼら待ち市場
☎0768-52-8222　休木曜
○穴水町根木ホ 165
　（根木ポケットパーク 内）

能登ワインギャラリー
☎0768-58-1577
○穴水町旭ヶ丘り 5-1
⦿notowine.com

1
4
5

※掲載している情報は変わることがありますので、お出かけのときにはご確認ください。掲載内容は2020年3月の情報です。

マルエープライベートブランド
SmileCollection
スマイルコレクション

「地元」「こだわり」「価値」を切り口にした
マルエーならではの商品が今後開発されていきます。

ふるさと

りくつな

おねうち

のんでミルク
ふるさと

石川県産 100 牛乳。
すっきりとした飲み口に、
生乳の甘みを味わえる
成分無調整牛乳です。

● 石川県の美味しい食材料・
鮮度にこだわりました
もっと、もっと石川の美味しい
を楽しんでください

● お客様の笑顔が見たくて
日本中の【りくつな】商品を
探して、美味しい！を
お届けします

● 【安売り】と【おねうち】
価値の違い 美味しいを
もっと身近に届けたい
そんな気持ちが詰まってます

マルエー自慢のおはぎ
りくつな

甘さ控えめの餡は、飽きのこない味。
何個でも食べられる美味しさです。

蒟蒻シリーズ 板・糸
おねうち

名水白山の伏流水で作られた国産蒟蒻粉
100 の美味しい蒟蒻。

弁当の日
応援プロジェクト

マルエーは、「お弁当の日」を
応援しています。

本部：白山市鶴来本町 2 丁目ワ 26　tel.076－272－0152

大笹波水田（志賀町富来・日本の棚田百選）

毎日の食事に＋（プラス）たんぱく質を
新ブランド「明治 TANPACT（タンパクト）」

カラダにダイジ。

meiji

TANPACT タンパクト

NEW

2020年春、明治は日本の低栄養問題への取り組みとして
「乳たんぱく質」を、かしこく、おいしく摂取できる
「明治 TANPACT（タンパクト）」を発売します。

何気ない、どこにでもあるような一杯のおみそ汁。

誰でも簡単に作れる料理でありながら、奥が深い一品でもあります。

インスタントみそ汁にネギを落とすだけでも充分に美味しいですし、

味噌、出汁、具材にこだわれば、至極の一品にもなる料理です。

北陸CGCグループのスーパーマーケットは、

北陸シジシーアソシエイツ会の会員各社とともに、

そのどちらにも対応できる商品・資材を、日本全国・世界各国から取り寄せています。

たかが一杯、されど一杯。

忙しくて手間ひまをかけられない方も、その一杯にこだわりたいという方も、

私たち北陸CGCグループはいつでも応援しています。

食卓のサポーター

北陸CGCグループ
北陸シジシーアソシエイツ会

【北陸シジシーアソシエイツ会】

アイ・ミルク北陸株式会社　株式会社あきお　秋元水産株式会社　アサヒ飲料株式会社　株式会社アサヒコ　アサヒビール株式会社　味の素株式会社　味の素AGF株式会社
岩塚製菓株式会社　ウロコ水産株式会社　江崎グリコ株式会社　エスビー食品株式会社　エバラ食品工業株式会社　株式会社エフピコ　株式会社エムエス
カルビー株式会社　関東日本フード株式会社　キーコーヒー株式会社　キッコーマン食品株式会社　株式会社紀文食品　キユーピー株式会社　キリンビール株式会社
相模屋食料株式会社　サッポロビール株式会社　サントリー酒類株式会社　サントリーフーズ株式会社　サンヨー食品販売株式会社　三和食品株式会社　シーピー化成株式会社
全国農業協同組合連合会石川県支部　ソントン株式会社　大正製薬株式会社　株式会社ダイショー　大日産業株式会社　株式会社田井屋　タカノフーズ株式会社
株式会社東ハト　東洋水産株式会社　東洋冷蔵株式会社　株式会社ドール　徳島製粉株式会社　直源醤油株式会社　株式会社永谷園　株式会社中野粧業社
日本海味噌醤油株式会社　日本食研株式会社　日本水産株式会社　日本製粉株式会社　日本蜂蜜株式会社　日本ハムマーケティング株式会社　ネスレ日本株式会社
株式会社福光屋　フジッコ株式会社　フジパン株式会社　株式会社不二家　株式会社米心石川　株式会社北越　北陸デラックス株式会社　北陸プリマハム株式会社
株式会社マルヤナギ小倉屋　三島食品株式会社　株式会社Mizkan　三菱ケミカル株式会社　三菱食品株式会社　明星食品株式会社　株式会社明治　株式会社桃屋
UCC上島珈琲株式会社　UHA味覚糖株式会社　雪印メグミルク株式会社　ユニ・チャーム株式会社　米久株式会社　リケンファブロ株式会社　六甲バター株式会社

たかが一杯、されど一杯。

あづま食品株式会社　株式会社あらた　石川中央魚市株式会社　石川中央食品株式会社　イセ食品株式会社　株式会社伊藤園　伊藤ハム販売株式会社　イトメン株式会社
株式会社大森屋　オタフクソース株式会社　花王グループカスタマーマーケティング株式会社　カゴメ株式会社　株式会社加藤美蜂園本舗　カナカン株式会社　亀田製菓株式会社
キリンビバレッジ株式会社　キング醸造株式会社　株式会社ケーアイ・フレッシュアクセス　株式会社KOYO　株式会社コシハラ　小林製薬株式会社　株式会社サカイ・ミート
四国乳業株式会社　株式会社七宝商事　ジャペル株式会社　昭和産業株式会社　信州ハム株式会社　寿がきや食品株式会社　株式会社スギヨ　株式会社スミフルジャパン
宝酒造株式会社　株式会社種清　株式会社たらみ　中央化学株式会社　株式会社中部テラオカ　テーブルマーク株式会社　天狗中田産業株式会社　株式会社トゥディック
ニコニコのり株式会社　株式会社ニチレイフーズ　日清オイリオグループ株式会社　日清シスコ株式会社　日清食品株式会社　日清フーズ株式会社　株式会社日本アクセス
ハウスウェルネスフーズ株式会社　ハウス食品株式会社　はごろもフーズ株式会社　株式会社万城食品　ひかり味噌株式会社　株式会社ピックルスコーポレーション　福助工業株式会社
株式会社北海道物産興社　ポッカサッポロフード&ビバレッジ株式会社　ホワイト食品工業株式会社　丸果石川中央青果株式会社　丸大食品株式会社　マルハニチロ株式会社
森永製菓株式会社　森永乳業株式会社　森永乳業販売株式会社　矢崎化工株式会社　山崎製パン株式会社　ヤマザキビスケット株式会社　ヤマモリ株式会社
株式会社ロッテ　　　【五十音順】

ご協力ありがとうございました。

石川県農林水産部生産流通課
公益財団法人いしかわ農業総合支援機構
公益財団法人石川県観光連盟
石川県漁業協同組合
石川県酒造組合連合会
全国美々里ネット
鍋島亜由美（農事組合法人 MEGLIY）
番場睦夫（農業生産法人有限会社ばんば）
中村市朗（農事組合法人まっきゃま）
中村明美（金沢市牧山）
橋田省三（金沢市牧山）
橋田由美子（金沢市牧山）
株式会社福光屋
奥野誠（エコファーム奥野）
四十万谷正久（四十万谷本舗）
加葉田恵子（株式会社 マルハ商店）
小林淖志（野々市市上林）
角花洋（揚げ浜塩田角花家）
青木悦子（青木クッキングスクール）
安田恵利子（青木クッキングスクール）
田谷武博（漁山丸水産有限会社）
松村久子（加賀市山中温泉）
中村衣織（北陸シジシー）
武外喜男（武久商店）
杉本高龍（株式会社できる）
重政靖之（有限会社重政損害保険）
NPO 法人能登すずなり
竹原多鶴（竹原漆器）
道下睦美（干し蛸）
寺岡才治（寺岡畜産株式会社）
森山典子（いしり亭）
中島昌伸（七尾船食）
大坪久美子（農家民宿おおつぼ）
柳 達司（菊姫合資会社）
坂本登美枝（金沢市釣部）
富水和美（輪島市朝市）
木村幸美（輪島市朝市 海幸）
角口まりこ（珠洲市高屋）
久里真衣子（志賀町ペンションクルーズ）
千田一枝（千田果樹園）
千田正智（）
千田美保（鞍月スポーツクラブ）
山本ひな子（白山市鶴来）
山本一郎（マルエー）
室谷加代子（農家レストランむろたに）
三野待子・池田恭子
中瀬晴夫・英巳（能登町 能登牛牧場）
田中郁子（甚や倶楽部）
丸山順子（金沢キッチン）
小林貴顕・由佳（自然農ガットポンポコ）
新保美智子（小松市八幡）
農林水産省 Web サイトうちの郷土料理
石川県食生活改善推進協議会
株式会社 シジシージャパン
…その他たくさんの方からご協力いただきました。
（順不同・取材順）

ご協賛ありがとうございました。

株式会社マルエー
株式会社ニュー三久
株式会社大丸
株式会社安達

カナカン株式会社
丸果石川中央青果株式会社
天狗中田産業株式会社
石川中央魚市株式会社
ウロコ水産株式会社
株式会社スギヨ
株式会社福光屋
全国農業協同組合連合会 石川県支部
三菱食品株式会社
株式会社日本アクセス
日本ハムマーケティング株式会社

伊藤ハム販売株式会社
信州ハム株式会社
味の素株式会社
日清オイリオグループ株式会社
キユーピー株式会社
カゴメ株式会社
キリンビバレッジ株式会社
アサヒ飲料株式会社
UCC 上島珈琲株式会社
森永乳業株式会社
株式会社 明治
日清食品株式会社
イトメン株式会社
株式会社ニチレイフーズ
イセ食品株式会社
株式会社ピックルスコーポレーション
北陸シジシーアソシエイツ会

いしかわのおかず
郷土の食材と料理
服部一景・編著

2020 年 10 月 30 日　初版発行

発行所　開港舎

発行者　服部一景

〒240-0112
神奈川県三浦郡葉山町堀内 595-8
046-875-1488（Fax & Tel）
kaikousha1991@gmaigl.com

発売所　河出書房新社
〒151-0051
東京都渋谷区千駄ヶ谷 2-32-2
03-3404-1201（営業）
http://www.kawade.co.jp/

印刷・製本所　大日本印刷株式会社

編集　開港舎 編集室
　　　服部一景　取材・撮影・イラスト・文・編集
　　　服部一甫　フードスタイリング・レシピ
　　　服部麻衣　レシピ・レイアウト・DTP
　　　服部美千代　校閲・レシピ